世界は宗教で読み解ける

出口治明

SB新書
692

はじめに　宗教を知れば、世界がわかる

宗教は現代の政治や民族問題と絡み合っている

人類の歴史は、宗教と密接な関係を保ってきました。

そのため、たとえば海外に旅をしたり、外国人といっしょに働いたりする際に、さまざまな宗教のことを知っていれば、お互いに敬意を払ったお付き合いにつながる可能性が高まります。逆に何も知らなければ、怒りを買ったり、トラブルに巻き込まれたりするおそれもあります。

日本人には「宗教」と改まって言われると、「あやしい」と感じて構える人が多いような印象があります。でも一方で、クリスマスをお祝いした1週間後には神社仏閣にお参りに行き、誰かが亡くなればお寺で葬式を挙げていますよね。「信心《しんじん》なんてないですよ」と言う人が大安に結婚式を挙げることにこだわり、「亡くなったおばあちゃんが天国から見

守ってくれている」「神様仏様どうか助けてください」などといった宗教に由来する観念を平気で口にすることも珍しくありません。

「宗教なんか合理的、理性的に考えたら迷信だ」と考える人もいるかもしれません。でも、そういう人の多くも、教会での結婚式や神輿《みこし》をかつぐ地元のお祭りに一切参加しないとか、お地蔵様にツバを吐きかけるような人のことをなんとも思わないなんてことはほとんどないでしょう。「宗教？　自分には縁遠いな」と思っている日本人は少なくないのですが、客観的に見れば、日本のそこかしこには宗教的な要素が根付いています。仏教や神道、キリスト教関連の儀礼や施設、イベントは比較的身近なものになっているのです。

多くのほかの国でもそうです。どのくらい熱心な信仰者がいるかは社会によって異なりますが、土着的な信仰であれ、キリスト教などに由来するものであれ、それが混ざり合ったものであれ、人々の慣習に宗教がまったく結びついていない場所を探すほうが難しいのではないでしょうか。そう考えれば、宗教の理解がいかに重要か、おわかりいただけると思います。

宗教には、儀礼や慣習、信仰の側面があるだけではありません。時の権力と結託したり衝突したり、経済にも影響を与えてきました。絵画や彫刻、音楽などの文化・芸術とも深い関わりがあります。また、「信仰」と言ってもお寺や神社、教会やモスクなどで祈るようなものだけでなく、過去にも現代においても神の名のもとに敵対勢力に対して残酷な行為をしたり、異教の文化遺産を破壊したりといった暴力を伴うようなかたちでの発露も見られてきました。これらの歴史やその背景にもまた、現代社会を生きていくうえで最低限知っておきたいことがいくつもあります。

宗教はなぜ生まれてきたのか

では「宗教」とは何でしょうか。これは非常に難しい問題です。本書ではアカデミックな定義論争には深入りせずに、人々にとって「宗教」と思われているようなものがどのようにして生まれてきたのかを考えてみることにします。

人間を動物として見ると、身体はそれほど大きくありません。他の生きものを捕食するのに適した鋭い牙や爪も持っていませんし、空も飛べなければ水中で暮らすこともできない。それでも人間は脳がもたらした「考える」能力を使って住む場所を作って食べものを確保し、徐々に高度な文明を発展させ、さらには文化を生み出してきました。

思想や文化がなくても、衣食住が満たされていれば人間は生きていけるでしょうか。想像してみるに、ただ「生きる」だけならできるかもしれないけれども、なんだかつらく、むなしいと思いませんか。生きていれば嬉しいことも、理不尽に思える出来事もあります。夢もあれば絶望もあり、愛もあれば憎しみもある。それらが混ざり合った複雑な感情の揺れ動きを歌や物語として遺《のこ》したい、誰かにその想いや考えを伝えたい、よりよく生きるための教えとして語りたい……このような心情を抱く人がいるほうが、人間社会にとっては自然に思えます。

なぜ自分がこんな目に遭うのか、こんな人生に何の意味があるのか、あるいは死んだらどうなるのか。どの時代でも、こうした答えのない問いについて、人間は考えてきました。とくにすぐれた頭脳を持った人々が、世界や人生、死後についての抽象的な考えを生み出し、それが今日《こんにち》「宗教」と呼ばれるかたちのものになっていったのではないでしょうか。

科学が解決しない、世界の起源と死後への問い

科学や経済が発展すれば宗教はいらなくなる、と考えてきた人はこれまでも無数にいました。しかし現実にはなくなっていません。インドネシアのように近代化したあとでむし

ろ宗教の勢いが増した国・地域もあります。

僕は、科学で説明できない領域が残っている限り、宗教の意義が失われることはないと思います。宗教は「世界はなぜ存在するのか」「人間はどこから来て、どこへ行くのか」といった根本的な問いに答えるものです。

もちろん、科学が進歩したことで、かつては宗教が果たしていた役割のうち、いくらかは小さくなった面はあるでしょう。その昔の宗教家は、今で言う医学や治水など、実用的な知識にも長《た》けた存在である場合が少なくありませんでした。

日本ではたとえば行基《ぎょうき》や空海《くうかい》に由来する橋づくりや湯治場所の発見の逸話・伝説が各地にありますよね。でも今日では、「病気をなんとか治してください」「自然災害を鎮めてください」とお祈りすることはあったとしても、牧師や僧侶に、医者や土木技術者として振る舞うことを期待する人はほとんどいないでしょう。しかし、だからといって自然科学が宗教を完全に代替したわけでもなければ、現代科学がこの宇宙のすべてのことを解明したわけではありません。

たとえば、宇宙の始まりはビッグバンによるものであるとされています。でもビッグバン以前のことや、その後の宇宙の進化については多くが未解明のままです。著名な科学者のなかにもキリスト教などの信仰を持つ人は少なくありません。「不完全性定理」で知られるクルト・ゲーデルをはじめ、数学的に神の証明に挑んだ数理の天才だって、ひとりやふたりではないのです。

この広い宇宙のなかでは辺境と言っていい場所にある地球という星に、奇跡的に生命が生まれ、人間という生物が、宇宙の歴史全体からすれば途方もない短い期間に、どうしてこれだけの発展を遂げることができたのか。にもかかわらず、なぜおろかにも人間同士で殺し合いを続けているのか。

たとえばこのようなことを考えていった場合に、人知や偶然を超えた存在を想定しないほうが不自然、不合理に思えるという人がいるのは、決しておかしくないように思います。あるいは、神がつくったこの世界の法則、しくみを解明することこそが科学者の使命であると考える人も、昔からいたわけです。

学者、知識人ではなく、もっと広く市井《しせい》の人々に目を向けてみても、科学がどれだけ進歩したところで、人間から悩みや煩悩が消えることも、死や病気への恐怖が完全になくなることもありません。新型コロナウイルスの流行は記憶に新しいところですが、過去にもペストや結核などによって人々が次々に亡くなった時代がありました。どのように対処したらいいのか、いったいいつ収束するのかもわからない恐怖や絶望に対して、宗教は人々に生きる勇気や心の平安を与える役割を果たしました。

あるいは、まったく不合理で理不尽にしか思えないような苦難に対して「これは神様が私たちに与えた試練なんや」と理屈づけることによって、目の前の現実を宗教的な理屈によって秩序立てて整理し、心の平安を生み出す力となることは、今も昔もあるわけです。

もっとも、ヨーロッパではペストの猛威によって「こんな世の中に神なんかいるわけないやろ」と考える人が現れ、それがルネサンスにつながった、という出来事もありました。誤った情報の拡散がコロナ禍で見られたように、科学的に間違ったことを宗教家が扇《せん》動《どう》してしまう場合もあります。同じ出来事をきっかけに信心が深まる人もいれば、宗教心や信仰を持つ人自体の否定に向かう人もいる。両方いるのが人間という生きものなのです。

僕は科学についても宗教についても正しい知識を持ち、科学と宗教が適切に折り合いをつけることが大事だと思います。多くの宗教家や科学者、人々はそうしています。たとえば今のローマ教皇もダライ・ラマも、わざわざ現代科学を否定していませんよね。自然科学で説明がつくことの大半は受け入れています。そのうえで、科学では扱いきれない心の平安、より良い生き方の模索、あるいは平和の希求といった部分で人々に発信を続け、支持されています。科学と宗教とは十分に両立可能な部分のほうが大きいのであって、それを模索していくべきではないでしょうか。

宗教はビジネスにも役立つ知の泉である

僕はよく「人間ちょぼちょぼ主義」と言っています。大きく見れば、どんな人間でも能力はそんなに大きくは変わりません。生身の身体で100メートルを3秒で走ることは誰にもできませんし、生まれてすぐに多言語で話せる赤ちゃんもいません。歴史を眺めてみても、人類社会では似たような場面で似たような思想が出てきて、似たように振る舞う為政者や知識人、民衆がいるものです。だからこそ先人を知る意味があります。だって、昔の人と同じような間違いをするのはおろかでしょう。

もちろん、「ちょぼちょぼ」と言っても、歴史に名を残してきた学者や宗教家から学べることは大きいです。また、宗教と社会とのあいだの事件からも同様です。まさにいま、僕たちが向き合っている課題や悩みのヒントになるような発想や知見、考えが、宗教や歴史のなかにもあるのです。また、宗教を知らなくては理解できない社会や政治の問題も数多く存在します。

とはいえ、本書で紹介する宗教の教えや考え方、あるいは歴史は、みなさんにとって「異質」に感じるものもあるかもしれません。でも「イノベーションは既存のものの『新しい』組み合わせから生まれる」としばしば言われています。既知の世界にない異質なものを知り、それと手持ちの何かをかけ合わせることが、新しいものを生み出すことにつながります。宗教に興味がある人はもちろん、よく知らない、縁遠いなと思う人にも本書を読んでいただきたい理由は、そんなところにもあります。

世界は宗教で読み解ける　目次

第2章 宗教がアメリカの政治で絶大な影響力を持つわけとは？ ……39

第3章 資本主義の原型をつくった予定説とは？ ……61

第5章　ヒンドゥー・ナショナリズムとムスリムの緊張関係とは？……169

第6章　東南アジアにおける社会運動と仏教の関係とは？……191

第7章　中国共産党と儒教の関係とは？……225

主要参考文献

第1章

宗教はどのように生まれたのか?

神を誕生させたドメスティケーション

約1万2000年前、メソポタミア地方で人類の生活様式を根本的に変える現象が起こりました。それがドメスティケーションです。この現象は、人間の脳が進化し、外界を支配したいという欲求が生まれたことで引き起こされた、と言われています。

ドメスティケーションは、狩猟採集生活から農耕牧畜社会への移行を意味します。人類は定住生活を始め、植物を栽培し、動物を家畜化し、さらには金属の加工まで手がけるようになりました。こうした過程で、人間は周囲の自然界を支配する術《すべ》を身につけていったのです。

しかし、人間の支配欲はそれにとどまりませんでした。自然界のルールそのものを支配したいという欲求が生まれ、そこから神という概念が誕生したと考えられています。たとえばメソポタミアの古代遺跡からは、祈りの対象だったと思われる女性をかたどった土偶が発掘されています。狩りや調理などの実用的な目的を持ってつくられたとは考えにくく、何か特別な意味を込めていた、あるいは拝んでいたという以外には、考えられないものです。

また、約1万2000年前のトルコのギョベクリ・テペ遺跡は、世界最古の神殿と目されています。この時代にまちがいなく人類の大きな転換点があったと言えるでしょう。

ドメスティケーションは人類社会に大きな変化をもたらしました。農耕牧畜が発展することによって、豊かな土地では、食べきれないほどの食料が生産されるようになります。

ギョベクリ・テペ遺跡
Teomancimit, Göbekli Tepe, Şanlıurfa, CC BY-SA 3.0

富が蓄積され、それが交易に用いられるようになり、貧富の差が生じていきました。また、食料生産に直接携わらない支配層や商人などの寄生階級が誕生し、彼らが住む場所として都市が形成されていきました。

ドメスティケーションはこうした単なる生活様式の変化にとどまらず、人間の思考様式や社会構造にまで大きな影響を与えます。農耕の命運を左右するのは天候です。また、農場や家畜は、ほかの生物に常に狙われてもいます。そうするとなんとかして「自然を支配したい」という欲求が発生します。

ひいては目の前にある森や海・川、動物などだけでなく、「自然界の原理・ルール」という抽象的なものまでも支配しようとする試みに発展していきます。おそらくここから「神」という概念が生み出されたのです。

「最後の審判」と「善悪二元論」を生んだゾロアスター教

人間が神の概念を確立していく過程で、太陽が最初に神と見なされたと考えられます。太陽は農業に欠かせない存在であり、その恵みが人々の生活を支えていました。このような自然現象を神として崇《あが》めることから始まり、やがて神が人間や世界の運命を司《つかさど》る存在として考えられるようになりました。

そのなかで「時間」に関係する概念が大きな役割を果たしました。

たとえばBC12世紀からBC10世紀のあいだのどこかに生まれたと考えられているザラスシュトラ（英語名でゾロアスター）が生み出した「最後の審判」は、過去から未来に向かって直線的に流れる時間の終わりに、神が善と悪を裁くという考え方です。「時間は直線的に進み、最後に終わりがある」という考え方は、今では当たり前に思えるかもしれません。でもこれはたんに「直線的に流れる時間」ではありません。そこに「始まりと終わりがある」と付け加えられている。このことが人類史上、革命的なインパクトをもたらしたと思います。

神様が人間の世界をつくり、万物をつくり、いろいろあるけれどもおしまいには神様が審判をして、そこでこの世界はいったん終わる。そのあとどうなるかについては天国に行くとか地獄に落とされるだとか無数の発想がありますが、「世界には始まりと終わりがある」という完結するストーリーになった。そのような概念が誕生したわけです。

「時間」の概念が「最後の審判」という思想の誕生に影響を与えた。直線的な時間の終わりに、神が世界を裁く――この発想がさまざまな宗教の「救済」の考え方をかたちづくり、人々の心に深く根付いていきます。

ザラスシュトラ

ところで、ゾロアスター教とはどんな宗教でしょうか。

創始者はいま言及したザラスシュトラです。彼が生きた時代のアーリア人(古代インド・イラン語族)たちは無文字社会であり、実在したかを明確に証明する証拠はありません。ザラスシュトラは15歳で神官としての教育を受け、20歳で放浪生活に入り、30歳で大天使ウォフ・マナフに召されて善なる神アフラ・マズダーと出会ったことで原始アーリア人の宗教の改革に乗り出し、40代に入るとナオタラ族の君主と出会って紆余曲折《うよきょくせつ》ありながらも徐々に教団を拡大していき、77歳で敵対勢力の凶刃に倒れた――という伝承が残っています。

ゾロアスター教は人類初の「世界宗教」とも言われ、古代ペルシャ、現在のイラン高原北東部で生まれた宗教です。世界宗教とは、人種や民族を超えて世界規模で思想が広がり、さまざまな国・地域で信仰されている宗教のことです。ザラスシュトラの教えは、アーリア人の民族信仰を基にしており、その教義は非常に論理的かつ明快でした。

この宗教はペルシャのアカイメネス朝やサーサーン朝で広く信仰され、後に中国や中央アジア、さらには北アフリカまで広がりました。ザラスシュトラの没後に編纂《へんさん》された教典『アヴェスター』が、ゾロアスター教の基本的な教義を伝えています。

ユダヤ教、キリスト教、イスラーム教など後世の一神教にも大きな影響を与え、これらの宗教は、天地創造や最後の審判、天国と地獄、洗礼の儀式など、ゾロアスター教から多くを学んだとされています。

また、ゾロアスター教では火を神聖視し、偶像崇拝を否定する代わりに火を信仰の中心に据えています。この信仰が後に中国や日本にまで伝わり、たとえば比叡山延暦寺《ひえいざんえんりゃくじ》の「不滅の法灯」などに影響を与えたと考えられています。遠く日本までその要素が伝わってきて、それが今も京都の山の一角で続いているんですね。

なお、19世紀のドイツの哲学者ニーチェは、『ツァラトゥストラはこう言った』という著書でザラスシュトラの名前を借りています（ツァラトゥストラはザラスシュトラのドイツ語読み）が、その内容はゾロアスター教の教義とはほとんど関係がなく、ニーチェの思想である「永劫回帰《えいごうかいき》」の考えが述べられています。彼の説く「永劫回帰」の哲学は、むしろインドのバラモン教の聖典、『リグ・ヴェーダ（神への讃歌《さんか》）』などを参考にした輪廻転生《りんねてんしょう》の思想、後述する「円環する時間」の発想のように思われます。

さて、やはりザラスシュトラが生み出した概念のなかでは「善悪二元論」も、「時間」の概念に関わる重要な思想です。

「最後の審判」の考えでは、全知全能の神が世界を創造し、最後に審判を行うとされる一方で、現実の世界に目を向けるとどう考えても悪いやつがいるわけです。「神様が万物をつくったなら、なんで神様は善の存在だけ作らんかったんや。そうしたらこの世は楽園になったはずやないか」という疑問が生じます。この矛盾に対する答えとして「善と悪の闘争が繰り広げられている」という考えを挿入したのです。最後の審判までのあいだに、悪の力が優勢な時期がある。だからこの世界には苦しみや不幸が存在するのだ、と説明をつけた。その核心を簡単に整理すればこうなります。

世界には善なる神アフラ・マズダーと悪なる神アンラ・マンユが存在する。

現世は、これらの善悪の神々が争う期間である。

最終的には善の神が勝利し、最後の審判が行われる。

ものすごくわかりやすい。でもシンプルながらも、いくつかの点でロジックに説得力があります。たとえば現世の苦しみが「悪い出来事は悪い神の仕業だ」と説明できます。また「最終的には善が勝利するんや」という信念を与え、人々に希望を提供することもできます。さらには「善行を積むことで最後の審判で救われる、だから良いことをしなさい」と道徳的な行動の動機付けもできます。メシア（救世主）待望論も含め、これらの考え方もセム的一神教（ユダヤ教、キリスト教、イスラーム教）に大きな影響を与えました。

この理論の強みは、時間軸を導入することで問題を解決しようとした点にあります。世界の始まりから終わりまでをひとつの物語として描くことで、現在の苦しみを一時的なものとして位置づけ、最終的な救済を約束することができたのです。

ただし、この考え方は新たな哲学的問題も生み出します。たとえば善なる神と悪なる神の力関係や、最終的な善の勝利の必然性などについて、さらなる議論を呼ぶことになります――もっともここではそうしたややこしい話にまでは立ち入りません。

ゾロアスター教は21世紀初頭現在、世界で約13万人と推定されており、7万5000人ほどがインド在住、イラン周辺に3万人から6万人と目されています。インドではゾロアスター教の信者にはタタ財閥をはじめ経済的な成功者が複数いることで知られています。

善悪二元論に基づく独自の教義をつくったマニ教

善悪二元論といえば、無視できないのがマニ教(マーニー教)です。

マニ教は3世紀のサーサーン朝ペルシャで生まれた宗教で、その創始者であるマーニー・ハイイェー(216―277)は、ゾロアスター教やキリスト教、グノーシス主義などさまざまな宗教や思想の要素を融合し、善悪二元論に基づく独自の教義を形成しました。

グノーシス主義とは、次のようなものです。本来の人間は至高の神の一部である、しかし

マーニー

人間は居場所を誤っている。人間はこの劣った物質的な世界（悪）ではなく、あるべき霊的な世界（善）に立ち返らねばならない、というものです。

マニ教の教えの核心は、光と闇、善と悪の対立を強調する二元論です。この世界は、光の王国と闇の王国の戦いの舞台である。人間の魂は光の王国に属している。だが体は物質界に囚《とら》われている。このような考えです。マニは、魂の解放と光の王国への帰還を目的として、そのために人々に道徳的な生活と知識の追求を求めました。

マニ教は神様の名前をゾロアスター教から拝借しているのですが、ゾロアスター教とは互いに対立、対抗し合う関係でした。

マニ教は、アジアからヨーロッパに至る広範な地域に伝播《でんぱ》していきます。とくに中央アジアや中国では大きな影響力を持ち、一時期は広く信仰されていたのです。中国ではマニ教は「明教」として知られ、仏教や道教と共存しながら発展していきます。また、マニ教の文献や教義は、アラビア語、シリア語、コプト語など多くの言語に翻訳され、イスラーム教世界やキリスト教世界にも影響を与えました。ローマ帝国時代の神学者として名高いアウグスティヌスはマニ教からキリスト教に回心（改宗）したことで知られており、マニ教に反駁《はんばく》する論理を打ち立てたのですが、実はその思想はマニ教から影響を受けているという指摘もあります。

マニ教的な善悪二元論はキリスト教やイスラーム教からは「異端」だとして、しばしば弾圧を受けました。たとえば12世紀半ばに現れ、フランス南部とイタリア北部で活発となったマニ教色を帯びた民衆運動カタリ派や、10世紀半ばから15世紀末までブルガリアを中心にバルカン半島で信仰されたキリスト教の一派であるボゴミル派など、中世のキリスト教の一派（ローマ教会から見れば「異端」）の運動にも影響を与えたと言われてきました。

しかし今日では、当時のボゴミル派やカタリ派と呼ばれた人たちに善悪二元論的な世界観があったとしてもマニ教との具体的な影響関係を実証することは難しく、むしろローマ教会側の人間やかつての歴史研究者が「異端＝マニ教的二元論」という色メガネで認定していたとする研究のほうが主流です。

マニ教は直接的な宗教運動としては現在ではほぼ消滅しています。

セム的一神教

「世界に始まりがあって終わりがある、直線的な時間の流れ」や「最後の審判」について話を戻しましょう。

断っておけば、ザラスシュトラのように高度な抽象思考をする人は、かつては非常に限られていました。

たいていの古代の人々はもっと素朴に太陽や月、女性や男性、水や風といった自然現象それぞれに神を見出《みいだ》し、さまざまな神々を生み出していきました。たとえば人類最古の文明メソポタミアでも神様はたくさんいたことがわかっています。そうやって種類が増えてくると「いろいろいる神様のなかで、俺の神様は誰や？」「私を守ってくれる神様がいるに違いない」という考え方も生まれてきます。日本でも一族の守り神たる「氏神様」という考え方がありますし、学問の神様は天神様、お金儲《もう》けは大黒様やお稲荷《いなり》様……などと分かれていますよね。神様が増え、分化し、それぞれが専門化していく。このようにして多神教的な信仰が発展します。

ところがセム語族（言語学においてアフロ・アジア語族に属する言語グループ）のなかのヘブライ人（ユダヤ人）のように、一神教を信仰するグループも現れました。この一神教では、唯一の神が人々を守る代わりに、他の神々を信仰しないことを要求しました。「おまえを守ったるけど、その代わりおまえが他の神様に浮気したら、滅ぼしたるからな。ええな」と。言ってみれば独占欲の強い、たいへん嫉妬深い神様です。セム的一神教と呼ばれているユダヤ教、キリスト教、イスラーム教はみんな同じ神様です。それぞれの宗教についての解説は章を分けてじっくり行いますので、ここでは簡単に触れるにとどめます。

セム的一神教においては、時間は直線的であり、最後の審判がその終わりに位置づけられます。この最後の審判において、神は正邪を裁き、善を行った者は天国へ、悪を行った者は地獄へ送られるとされました。この考えがあるから人々は現世の苦しみや不公平を耐え忍ぶことができ、来世における救済を信じることで心の平安を得られたわけです。たとえいま報われなくても、神様を信じていれば死後に救われるんや、と。

もうひとつ、重要な時間概念があります。インドで生まれた「輪廻転生」という考えです。時間は循環し、生命もまた再生をくりかえす。「君らは貧乏に生まれたけれども、善行を積んだら来世はきっと王様に生まれ変わる。でも悪いことをしたらカエルやゲジゲジになってしまうだろう」。これは脅かしとしてはなかなか効果的です。

生まれ変わって、いまよりひどい虫や家畜になるのはイヤだ、それなら今生《こんじょう》はきつくともマジメに生きて、すぐ来る来世では良い暮らしができる身分に生まれ変わりたい、と。

このように時間を循環する円環で捉える宗教が登場してくるのです。

自然の円環する時間と人生を支配する直線の時間

「輪廻転生」という考え方は、どのようにして現れてきたのでしょうか。

それには人類が「暦」を発明したことが関わっていると考えられます。暦ができたことによって、時間の概念は大きく変化しました。

とくにメソポタミアで生まれた太陰暦と、エジプトで考案された太陽暦は、時間を計る重要な手段となりました。これらの暦は自然界の周期的な変化、つまり月の満ち欠けや太陽の運行を基にしています。この発見により、人間は「円環する時間」の概念を認識するようになりました。明けない夜はなく、季節は巡り、くりかえす。暦を考え出したことで、人間はぐるぐると循環する時間を管理するようになりました。暦もまた「時間を支配する」試みであるという点で、「自然界のルール自体を支配する」ことにつながるドメスティケーションの一形態です。

しかし、人間は個々の人生は直線的な性質を持つことにも気づきます。誕生して子どもが成長して大人になり、老いて死に至る。過ぎ去った時間は決して戻らず、亡くなった人がよみがえることはない。人生は不可逆的な直線である。

つまり、自然界には循環する時間の流れがある一方で、個人の寿命の有限性を意識させる「直線の時間」もまた存在している。

このふたつの時間概念の認識が、人間の思考に大きな影響を与えたと言っていいでしょう。個人の人生は、一度きりのものです。でも太陽は昇っては沈み、四季は巡る。だとしたら、人間にもくりかえしていく側面は存在しないのだろうか。人が死んだあとに行く世界はないのか。あるいは、生まれる前には何もないのか。

おそらくこのような発想から、人々は「死後の世界」や「輪廻転生」といった概念を生み出したのでしょう。これらの思想は、円環する時間と直線の時間というふたつの考えが融合したものと捉えることができます。

セム的一神教やゾロアスター教は、最後の審判という概念を通じて、直線的な時間の終わりに救済を提示しました。一方、インドから発展した輪廻転生の思想は、個人の生命を循環する時間のなかに位置づけることで、死後の存在を説明しようとしました。

この循環する時間の概念は、仏教やヒンドゥー教を通じてアジアで広く受け入れられ、さらにはギリシャのピタゴラス教団にも影響を与えました。哲学者・数学者・宗教家のピタゴラスは、マグナ・グラエキア（南イタリアにあったギリシャの植民地）で自分の教団を組織しました。彼らは霊魂の不死や輪廻という考え方を信じていたようです。

時間が回って輪廻転生が生じる――ここから「この世はすべて仮の姿である」という思想が生まれてきます。たとえばお釈迦《しゃか》様の前世についても、仏教ではさまざまなエピソードが残されています（こういう考え方は実はヒンドゥー教から借りてきたものですが）。

何度も何度も生き変わり、死に変わりが続くのだとしたら、この世も自分もすべてが仮の姿になってしまう。それを「すべてはうつろいゆくもので、実体などないのだ」と受け入れる仏教のような思想もあります。仏教では輪廻の苦しみから解放されることを「解脱《げだつ》」と呼び、最終的な悟りはこの世界の迷いから抜け出すことにあるのです。

西洋では「仮の姿」ではない「本当の姿」を探し求める欲求も高まってきます。この欲求を思想として大成したのがプラトンです。プラトンはピタゴラス教団から多くを学びましたが、彼はこの世界は「仮の姿」だと考え、その背後にある永遠の本質を追究するという思想を唱えました。たとえばいま私たちの目の前に見えている「美しいもの」は花にしても景色にしても時間が経《た》てば変化していくけれども、その背後には「美しさ」という生成消滅することのない永遠の本質がある。プラトンはそのように考え、それをイデアと名付けました（二元論）。

このように「時間をいかに捉えるか」は人類にとってはきわめて大事な問題であり続けています。「自然の円環する時間」と「人生を支配する直線の時間」というふたつの時間概念は、人類の思想や宗教の発展に深い影響を与え、現代に至るまでわれわれの世界観をかたちづくる重要な要素となっているのです。

プラトン

第2章

宗教がアメリカの政治で絶大な影響力を持つわけとは？

アメリカがイスラエル寄りの姿勢を取り続けるわけ

2023年10月、イスラエル軍による過去最大規模のガザへの侵攻が行われました。パレスチナの抵抗組織ハマス（ハマース）によるイスラエルへの越境攻撃に対する報復をきっかけとしたものです。2025年1月19日から6週間、イスラエルとハマスは停戦に合意したものの、イスラエル軍は3月18日に攻撃を再開、停戦の協議は難航しています（2025年3月28日現在）。圧倒的に劣勢なパレスチナに対して非人道的な破壊・攻撃行動や人権侵害、土地の略奪をくりかえすイスラエルへの抗議が世界中で起こっています。

しかし、日本の同盟国であるアメリカの政府はイスラエルの建国以来、親イスラエルを貫いてきました。これはなぜでしょうか。アメリカがイスラエル寄りの姿勢を取り続ける背景には、イスラエルを支持するキリスト教徒には神からの祝福があり、逆にユダヤ人を虐殺するキリスト教徒には神の裁きが下る、という宗教的な信念が関係しています（詳しくは松本佐保の『熱狂する「神の国」アメリカ　大統領とキリスト教』（文春新書）、『アメリカを動かす宗教ナショナリズム』（ちくま新書）をご覧ください）。

この考え方は、アメリカの人口約3億3000万人のうち4分の1近くを占めるとされ、トランプ大統領の支持層としても知られるキリスト教の宗派の1つ、福音派に広く共有されています。ひとくちに福音派と言ってもこれまた一枚岩ではないのですが、とりわけ白人福音派は、プロテスタントの主流派とは違って聖書に書かれたことを字義どおりに解釈し、妊娠中絶や同性婚、教育現場への進化論導入などに強く反対している人たちが少なくありません。そして聖書で「エルサレムを与えられた」と書かれたユダヤ人が造った国家・イスラエルを支持する政治勢力として、1970年代後半以降、共和党の支持基盤となってきました（なお、「入植してわずか200年でアメリカはなぜ世界でもっとも豊かな国になれたのか。それはこの地が神に祝福されているからだ」という考えも存在します）。とくにアメリカ中西部から南東部にかけて福音派が多く住む地帯は「バイブル・ベルト」と呼ばれ、大統領選挙を左右する力を持ちます。

ユダヤ人はアメリカの全人口の2%程度を占めるにすぎませんが、それでもイスラエルの次にユダヤ人の人口が多い国がアメリカです。アメリカ・イスラエル広報委員会（AIPAC）などのイスラエル系ロビー団体は、アメリカの中東政策に大きな影響力を持っています。豊富な資金源をもとに共和党だけでなく民主党の議員からも支持を得ており、イスラエル支持はとくに共和党政権下で強い傾向にありますが、民主党政権でも基本的な姿勢は変わりません。福音派やキリスト教保守層の支持を得るために、大統領候補者はイスラエル支持を表明することが多いのです。民主党のバイデン前大統領やカマラ・ハリスも、共和党のトランプ大統領も「イスラエルは正当な自衛権を行使している」というスタンスを崩しませんでした。

パレスチナ問題を理解し、アメリカの政策を読み解くにはキリスト教を知るだけでなく、ユダヤ人の歴史およびユダヤ教についても知っておく必要があります。

ユダヤ人が世界に散らばるきっかけとなったバビロン捕囚

ＢＣ５９７年に始まるバビロン捕囚（バビロニア捕囚）は、ユダヤ人の歴史的な転換点となった出来事でした。

ＢＣ７世紀の後半にメソポタミアを征服した新バビロニア王国（ＢＣ６２５―ＢＣ５３９）のネブカドネツァル２世が、ＢＣ５９７年にエルサレムを首都とするユダ王国を制圧します。ユダ王国は新バビロニア王国の西方に位置した地中海東海岸の小国でした。ユダ王国が新バビロニア王国に反乱を起こしたので、鎮圧したのです。ユダヤの民は独自の神様を信じていて、理屈っぽくて、反抗的でもありました。だからユダ王国の指導者層をバビロンへ強制移住させたんですね。バビロンとは古代バビロン帝国の首都で、メソポタミアのチグリス川とユーフラテス川のあいだの土地、現在のイラクあたりに位置します。たくさんの指導層を異国に連れ去るなんて、「えらい厳しい処置や」と思うかもしれません。でもこの行動は、当時としては合理的な占領政策でした。反乱を防ぎ、占領軍の駐留コストを抑えるため、指導層を本国に連れてきて監視下に置くことは、古代の戦争では一般的に行われていました。なぜかといえば、占領した土地に軍をずっと置くとコストがかかりますよね。かといって反乱が起きたらそのたびに潰しに行くのも面倒です。皆殺しにするのも銃のような近代兵器がない時代にはたいへんなことでした。

ネブカドネツァル2世

そういうわけで移住させられたユダヤ人たちは、約60年間にわたってバビロンで生活することになります。

新バビロニア王国がペルシャのアカイメネス朝キュロス2世に征服されて滅ぼされると、気の毒がられてユダヤ人たちは解放されます。「私が王になったのだから、きみらはどこに住んでもかまわない。エルサレムに帰ってもいいし、バビロンに残ってもいい。自由にしなさい」と。ここで多くのユダヤ人はエルサレムに戻らず、バビロンに留まることを選びました。これは、当時、世界随一の都市であったバビロンでの生活に慣れていたため、また新しい世代にとってはエルサレムが見知らぬ土地となっていたためです。

当時の平均寿命はわずか30歳程度です。バビロンに来てから60年も経てば世代交代も進んで、もうほとんど誰もエルサレムのことを知りません。しかも、遠い。向こうで幸せに暮らせる保証もない。ご先祖様が住んでいたからといって、行ったこともない土地にまた移り住みたいと思うでしょうか。

この出来事が、ユダヤ人のディアスポラ（散在）の始まりとなりました。

エルサレムに戻ったのは主に祭司階級の人々で、彼らは第二神殿を再建し、ユダヤ人のアイデンティティを守るために、ヘブライ語聖書「タナハ」の編纂を始めました。

このタナハがいわゆる「旧約聖書」と呼ばれるものの原典です。ただし「旧約聖書」というのは、ユダヤ教徒からすればキリスト教徒やその影響を受けた人たちの呼び方です。ユダヤ教徒はキリスト教徒の言う「新約聖書」を認めませんし、タナハに書かれている内容を神と人間とが交わした「古い契約」とも考えません。また、タナハとキリスト教徒が「旧約聖書」と呼ぶものは、多くの部分で重なりますが、中身はまったくの同一ではありません。

ともあれ、バビロン捕囚とその後の展開は、ユダヤ教の発展に大きな影響を与えました。タナハ、そしてモーセが伝えた「口伝律法」を収めた文書群でユダヤ教徒の生活・信仰の基となった「タルムード」を通じて、ユダヤ教の体系がほぼ完成し、「選民思想」や「救世主」（メシア）の概念が生まれました。

選民思想とは、ユダヤ教はヤハウェを唯一神とする一神教であり、われわれは今しんどいし幸せではないけれどもユダヤ人は神から選ばれし民なんだ、ほかの人々を導く使命を持っている、誇りを持ちなさいという考えです。また、メシア思想とは人々を救う指導者、神の国を実現して終末にユダヤ教徒を救済してくれる存在がこの世に現れるという考えです。メシアはヘブライ語ですが、ギリシャ語ではクリストス（キリスト）となります。

かつてバビロン捕囚はユダヤ人に悲劇的な「離散」をもたらしたものというイメージで語られていましたが、いまではユダヤ人が自らの意思で世界の大都市に散在していく契機となった重要な歴史的出来事だったと位置づけられています。

ユダヤ民族結束のためにつくられた旧約聖書

タナハは、バビロン捕囚後のユダヤ民族のアイデンティティ維持と結束を目的として創作されました。ＢＣ５００年から紀元元年のあいだに完成したとされるこの書物は、ユダヤ民族の危機的状況から生まれたのです。

エルサレムに帰還した主に祭司階級の人々は、ディアスポラによってペルシャ帝国の中に埋没していき、自分たちが民族として消滅する危機を感じていたんですね。そこで彼らは、離れ離れになった同胞に向けて民族の物語を伝え、アイデンティティを保つためにタナハの編纂を始めたのです。

タナハの内容は、この世界の始まりである創世記から歴史的な流れに沿って書かれています。でも実は創世記を含むモーセ五書が最後に書かれています。いちばん古い物語が、いちばん新しく作られた。なぜか。考えてみたらわかりますよね。だって最近のことは改めて調べたり考えたりしなくても簡単に書けます。だからまずそこから書く。そして記録のあるところ、人に話を聞いたらわかるところから、遡って書いていく。おそらくそうするのが普通だと思います。

このような書き方ですから、当然タナハの記述は必ずしも史実に基づいているわけではありません。必然的に多くの部分が創作になります。

また、ゼロからお話を作るのはたいへんですから、バビロンで聞いた古代メソポタミアの伝承や神話をモチーフとして取り入れています。たとえば、神様が人類の邪悪さを嘆いて大洪水で世界を清めようと決意するものの、神に忠実なノアとその家族、そして動物たちは救ってやろうとノアに巨大な船（方舟《はこぶね》）の建造を命じる「ノアの方舟」の物語はメソポタミアの大洪水伝説を基にしているとされています。また、神が最初の人間アダムとイブを創造し、住まわせたものの蛇にそそのかされて禁断の実を食べたふたりが追放されたという「エデンの園」の「エデン」は、メソポタミアの地名です。

ユダヤ人が連れ去られた先で聞いた神話や伝承から借りてきた部分がある、という若干のねじれがありながらも、完成したタナハは、ユダヤ人に「神に選ばれし民」という選民思想を説き、苦難のなかにあってもメシアが現れて救ってくれるという希望を与え、民族の誇りと結束を強化する役割を果たしました。

タナハの編纂には、そのような「ユダヤ人内部」に対する目的だけでなく、「外部」に対する目的も含んでいました。最盛期には現在のイラン、イラク、トルコ、エジプト、中央アジアの一部を含む広大な領域を支配する古代世界の超大国として、政治や文化、経済など多方面で重要な役割を果たしたペルシャのアカイメネス朝に対して、「俺たちユダヤ人も立派な歴史を持つ優秀な民族なんや」と主張する意図もあったのです。

みなさん自身や周囲の人のことを思い浮かべてみてください。人間はうまくいっているとき、調子のいいときにはわざわざ過去をふりかえったり、自分たちが何者かを問うたりすることは少ないと思いませんか。むしろ自信や人間関係の結束が失われかけたり、ライバルが登場したり、危機意識を持ったりしたときにこそ「俺は何者なんや」「うちはあそことは違う」「私たちは何をしたらいいんだろう」とルーツを改めて規定してアイデンティティを模索し、歴史をふりかえり、未来に向けてなすべきことを決めるのではないでしょうか。

さて、タナハが文字として残されたことで、その内容は強い影響力を持ちました。

たとえば、古代イスラエル王国の2代目の王ダヴィデとその息子で3代目の王であるソロモンの栄華の物語は、考古学的証拠と矛盾するにもかかわらず、長く信じられてきました。

アラビア半島南部、アデンのあたりに存在したシバ（シェバ、サバァ）という国の女王がソロモンを訪れ、彼が本当に神の知恵を持っているのか試そうと難問を投げてもソロモンはすべてに見事に答えた。女王は驚き称賛し、ふたりは恋に落ちて生まれた子どもがエチオピア王室の祖先となった――という伝説が生まれたほどです。あるいはダヴィデやソロモン、シバの女王の物語はヨーロッパにおいて絵画で無数に描かれてきましたよね。彫刻でも、たとえばミケランジェロがつくったダヴィデ像を知らない人はいないでしょう。あれはダヴィデが巨人ゴリアテとの戦いに挑む場面を表現しています。

考古学的な調査から、シバの都には当時2万から3万の人口があったという説があります。一方でダヴィデとソロモンの時代、エルサレムの人口はせいぜい1000人から2000人程度だったと推定されています。これはどういうことでしょうか。人口が多い国の女王が、人口の少ない国が「栄えている」とうわさに聞いてわざわざやってきて「なんとすばらしいのか」と驚くなんて、なかなか考えづらいですね。歴史学的にはダヴィデやソロモン、シバの女王の実在すら疑われています（古代の南アラビア諸王国で女性が王位に就いたという記録はひとつも見つかっていません）。

でも事実かどうかでいえば疑わしいものであったにせよ、おそらくは必死の想いで、真実であるかのように当時のユダヤ人の祭司たちが書いたおかげで、長年信じられてきた。タナハはそのような力を持っていたわけです。

タナハは「宗教書」として見るだけでは、足らないものだと言えます。民族の存続をかけてつくられた文化的、政治的文書でもあった。だからこそ離散したユダヤ人たちに共通のアイデンティティを提供し、民族としての一体感を維持する役割を果たしたのでしょう。

ユダヤ人追放とシオニズム

今述べたようにユダヤ人の追放と離散の歴史は古く、BC6世紀のバビロン捕囚にまで遡ります。そしてその後もさまざまな時代と地域で追放や迫害を経験してきました。本章の冒頭でアメリカのキリスト教福音派はユダヤ教徒にシンパシーがあるとお伝えしましたが、むしろキリスト教ではユダヤ人を「キリストを裏切った」存在として捉え、また金融業などで経済的に成り上がった者という偏見が長くありました（ユダヤ人に土地所有が認められない場所では農業に従事しづらい一方、キリスト教では利子を取る金貸しが禁止されていたのでユダヤ人が進出しやすい業種だったのです）。また、宗教というより人種・民族という観点からのユダヤ人差別もありました。

おそらくみなさんが真っ先に思いつくのは、ナチスドイツが1938年から1945年のあいだにかけて行った「ホロコースト」として知られる組織的な絶滅政策、600万人に及ぶとも言われる迫害と虐殺ではないでしょうか。この加害経験ゆえにドイツでは第二次世界大戦後、反イスラエル＝反ユダヤ主義者と見なされています。目下の戦争でも、パレスチナ人に医薬品などの物資を運ぶ国際支援団体の車輌《しゃりょう》をイスラエル軍が砲撃する、避難中の民間人を排撃するような非人道的な行為が明らかになってなお、ドイツでは政治家から芸術家まで、親パレスチナ的なスタンスを示すことはきわめて難しい状況になっています。

ナチスドイツによる反ユダヤ主義政策は歴史上類を見ない規模で実行されたものですが、政府レベルで行われた最初のユダヤ人差別政策ではありません。

たとえば15世紀末のスペインからも、ユダヤ人は追放されています。イベリア半島からイスラーム勢力を追い出し、レコンキスタ（キリスト教国家によるイベリア半島の再征服活動）を達成した「カトリック両王」ことスペイン王イサベルとフェルナンドは１４９２年、彼らから見れば「異教徒」であるムスリム（イスラーム教徒）、そしてユダヤ教徒の追放を始め、８００年にわたり彼の地で繁栄していた多文化共生の時代が終わりを告げました。

逆に言えばそれまでイベリア半島のイスラーム政権下では、違う宗教を信じる人間同士が共存していたわけです。「異なる信仰を持つもの同士が近くにいると必ず衝突を起こす。決して同じ場所にいられないのだ」と考える人もいるかもしれませんし、現代においても宗教紛争は絶えません。しかし歴史的に見れば殺し合いや迫害などなしに、ともに暮らしていた時代、地域も珍しくないのです。

また、ハプスブルク君主のマリア・テレジアは激しい反ユダヤ感情の持ち主で、1744年にプラハに住む1万以上のユダヤ人へ追放令を出しました。プロイセン占領期の利敵行為が理由とされましたが、事実無根でした。でも1748年まで撤回されず、撤回後も多額の税金を課し、ユダヤ人のウィーン居住を厳しく管理・制限しました。

「上（為政者）から」ではなく「下（民衆）から」の差別・迫害としては、19世紀後半から20世紀初頭にかけてロシア帝国で起こったポグロム、主にユダヤ人を対象とした商店襲撃や略奪、虐殺、強姦などの襲撃事件があります。政府の命令ではなく（政府の黙認や扇動の側面もありましたが）、草の根で起こった迫害です。1881年にロシア皇帝アレクサンドル2世が暗殺された事件の際、革命組織のメンバーにユダヤ人がいたといううわさが広まりました（これもやはり事実無根でした）。皇帝を尊敬する農民の怒りがユダヤ人に向けられ、ウクライナ各地で凄惨な襲撃や略奪が発生しました。

1881年からのポグロムは、その後のシオニズム運動の発展に大きな影響を与える転機となります。「シオン」とはエルサレム旧市街の南西端にあるシオンの丘のことであり、ユダヤ人にとってのパレスチナの象徴です。「シオニズム」とは「イスラエルの地に帰ろう」というユダヤ人の「民族」主義運動です。注意してほしいのですが、シオニズムは基本的には「宗教」的な情熱に基づいた運動ではありません。19世紀にユダヤ人のための故郷をパレスチナに建設するために生まれたナショナリズム運動だと言えます。近代シオニズム運動は、テオドール・ヘルツル（1860―1904）によって創始されました。近代イスラエル国家の設立の後、シオニズムはユダヤ人国家としてのイスラエル国の発展と保護を支援するためのイデオロギーとなります。

なお、人種や民族というカテゴリーは生物学的には定義づけが不可能であり、「〇〇民族」なるものの境界を科学的に画定することはできないことが今日ではわかっています。「民族」はどこまでいっても恣意的、主観的な分類にすぎません。

現在では「ユダヤ人」とは基本的には自らをユダヤ人・ユダヤ系と考える人を指し、ユダヤ教をあまり実践しない人のほうが多数派です。また「ユダヤ教徒」は「ユダヤ人の母から生まれた者、またはユダヤ教に改宗した者」という定義が適用されます。異教徒がユダヤ教に改宗するには、ラビ（ユダヤ教の律法学者）のもとで長期の勉強と実践が必要です。

話を戻しますが、シオニズムの背景のひとつには、18世紀末以降、明確な領土、共通の言語、文化、歴史を持つ「国民」が主権を有する政治体制、「国民国家」という概念が主にヨーロッパで発展していったことがあります。1789年に始まるフランス革命が国民国家の概念形成に大きく寄与しました。

もっとも、多くの国民国家運動はいま住んでいる土地での統一や独立をめざしたのに対し、シオニズムは離散した民族の再結集をめざし、新たな土地（パレスチナ）への移住を伴うという特殊性がありました。パレスチナにはすでにたくさんの人が住んでいます。エルサレムはユダヤ教、キリスト教、イスラーム教いずれにとっても重要な聖地です。そんな場所を含む一帯に国を造れば、争いになることは明白です。

シオニズム運動の大きな転機となったのが、1917年の「バルフォア宣言」です。パレスチナ地域は長らくオスマン帝国の支配下に置かれていましたが、第一次世界大戦中、大英帝国（連合王国）のバルフォア外相は、ユダヤ人の大富豪ロスチャイルド家に対し、パレスチナの地に「ユダヤ人の民族的郷土を認める」と明言しました。連合王国政府の公式方針として、です（僕は日本でしか通じない「イギリス」という呼び方は用いません。「グレートブリテンおよび北アイルランド連合王国」を略して「UK」か、あるいは「連合王国」と呼んでいます）。この宣言は、敵対するオスマン帝国打倒のための財政援助を求める目的もありましたが、ユダヤ人国家建設への道を開く重要な一歩となりました。

しかし、このバルフォア宣言は、大英帝国の「三枚舌外交」の一部でもありました。同時期に、アラブ人にも独立を約束し、フランスともパレスチナの分割を密約するなど、複雑な外交政策を展開していたのです。この三枚舌外交が今日まで続くパレスチナ問題の一因だとしばしば語られています。

アラブ側とは1915年10月、連合王国の駐エジプト高等弁務官ヘンリー・マクマホンが、アラブ人の領袖《りょうしゅう》であるマッカ太守フサイン・イブン・アリーとフサイン＝マクマホン協定（マクマホン宣言）を結んでいます。この協定で連合王国政府は、オスマン帝国との戦争（第一次世界大戦）への協力を条件にアラブ人の独立を承認するとしていました。フサインは、この約束を受けて、ヒジャーズ王国を建国しています。

連合王国、フランス、ロシア帝国のあいだでは、1916年5月にサイクス・ピコ協定というオスマン帝国領分割に関する秘密協定を交わしています。連合王国のマーク・サイクスとフランスの外交官フランソワ・ジョルジュ＝ピコによって原案が作成されたため、この名がついています。

第一次世界大戦後にパレスチナは連合王国の委任統治領となります。この期間中にユダヤ人の移住が進み、アラブ人との緊張が高まっていきました。

そして第二次世界大戦後の1947年、国連はパレスチナ分割決議を採択し、アラブ国家とユダヤ国家の二国家共存案を提示しました。この決議では、エルサレムを特別市とすることも定められます。ところがアラブ諸国はこの分割案を受け入れませんでした。そのような状況下で1948年5月、連合王国の委任統治が終了すると同時に、ユダヤ人はイスラエル国家の独立を一方的に宣言します。

この独立宣言に反発したアラブ諸国が侵攻し、第一次中東戦争が勃発します。なお、私たちは「第一次中東戦争」と呼んでいますが、イスラエル側は「独立戦争」、アラブ側は「ナクバ」（大災害）と呼びます。この戦争では、アメリカのバックアップを受けて強力な火器を持つイスラエルが圧勝します。その後も1956年に第二次中東戦争が、1967年に第三次中東戦争が、1973年に第四次中東戦争が起こります。第四次中東戦争をきっかけに起こったのが第1次オイルショック（1974年8月まで）で、第2次オイルショックは1979年にイラン革命をきっかけに起こったことがよく知られています（1982年4月まで）。

なお、イスラエルとパレスチナの紛争は「ユダヤ教とイスラーム教の宗教紛争」ではありません。基本的には民族紛争であり、土地をめぐる争いです。これは、日本は仏教徒が多く、アメリカはキリスト教徒が多いからといって「太平洋戦争は仏教とキリスト教の宗教戦争」だと言えないのと同じです。

イスラエル支配下にあるパレスチナの解放を目的に１９６４年につくられたパレスチナ解放機構（ＰＬＯ）は、国連においてパレスチナ人の代表機関として認められていますが、ＰＬＯはファタハやパレスチナ解放民主戦線など複数の会員から構成される組織です。パレスチナ人の９割以上はイスラーム教徒ではあるものの、ＰＬＯのなかにはパレスチナ解放人民戦線（ＰＦＬＰ）というマルクス主義組織も含まれています。マルクス主義では「宗教は圧政や貧困に苦しむ民衆のアヘンである」と考え、宗教を否定する人も少なくありません。また、パレスチナ人キリスト教徒は数十万人単位で存在し、パレスチナ自治区だけで数万人が居住していると推定されています。ＰＬＯで長年議長を務めたヤーセル・アラファトはムスリムですが、パートナーのスーハはキリスト教徒です。

イスラエル側に目を向けても、ムスリムが全人口の約18％を占めています。また、ユダヤ教徒のなかでも超正統派の人たちは、イスラエルの建国に関するタナハの記述「汝《なんじ》、殺すなかれ、盗むなかれ」に違反して土地を収奪していると主張したり、「メシアが現れなければ真のユダヤ国家は実現できないがメシアは現れていない。現イスラエルは真のユダヤ国家ではない」と批判したりしてきました。また長年、イスラエルでは18歳以上の全国民に課される兵役の義務も、超正統派は宗教上の理由から免除されてきたばかりでなく、超正統派以外のユダヤ人についてもユダヤ教の教えをもとに兵役に就くことに反対してきました。彼らはイスラエル軍の残虐行為を糾弾するデモを行ってもいます。

したがって「宗教紛争」ではありませんし、イスラエルもパレスチナも、宗教的・思想的にも政治的にも一枚岩ではないのです。この点は認識しておく必要があるでしょう。

挫折したオスロ合意と現在の対立

1993年、イスラエルとパレスチナ解放機構のあいだで結ばれたオスロ合意（暫定自治に関する原則宣言）は、長きにわたるパレスチナ問題を解決する糸口になると期待されました。「イスラエルを国家として、PLOをパレスチナの自治政府として相互に承認する」また「イスラエルは占領した地域から暫定的に撤退し、5年にわたって自治政府による自治を認める。その5年のあいだに今後の詳細を協議する」という内容を含んでいたからです。

この合意はアメリカのビル・クリントン大統領の立ち会いのもと、イスラエルのラビン首相とＰＬＯのアラファト議長によって調印されています。オスロ合意に基づき、１９９５年にパレスチナ自治政府が設立されます。イスラエルはガザ地区とヨルダン川西岸地区から撤退し、パレスチナ人の自治が開始されました。これによって両者の和解と共存への道が開かれたかに見えました。しかし、この合意は実現に向けて進展する前に挫折してしまいます。

１９９５年11月、イスラエルの右翼過激派によってラビン首相が暗殺され、和平プロセスに大きな打撃となりました。さらに１９９６年6月、イスラエルにおいて右派政党リクードのベンヤミン・ネタニヤフが首相に就任すると、和平交渉は停滞してしまいます。

パレスチナ側では、有力組織であるファタハとハマスの対立が深まるという新たな問題も加わりました。ファタハはＰＬＯの主要組織でヨルダン川西岸地区を実効支配し、イスラエルとの交渉による二国家共存をめざしてきました。一方でハマスはガザ地区を実効支配し、イスラエルの存在を否定して武力闘争を主張してきました。２００６年のパレスチナ立法評議会選挙で選挙戦術に長けたハマスが勝利し、２００７年にはガザ地区でハマスがファタハを追放する出来事があり、パレスチナの統一した交渉力が低下します。２０１

1年に両組織は和解し、2014年には暫定統一内閣を発足させますが、犬猿の仲は続いています。

そのあいだにイスラエルは入植地をどんどん拡大していきました。イスラエル軍はパレスチナ人の土地に戦車や重火器で武装したトラックで乗り込んで町を破壊し、ブルドーザーで更地にしてユダヤ人を入植させます。さらにはパレスチナ人とユダヤ人の居住地とのあいだに巨大な壁を築き、緩衝地帯を作るようになります。

難民となったパレスチナ人たちは故郷に自由に立ち入れなくなり、仕事を奪われ、水道や電気もまともに使えず、イスラエルに生殺与奪を握られる状態に追い込まれました。

こうした積年の怒りが限界に達したであろうハマスが2023年10月にイスラエルを攻撃して人質を取り、これに対してイスラエルのネタニヤフ首相が「戦争状態にある」と声明を出して前代未聞の規模の爆撃を開始し、戦争は今に至るまで続いています。

この戦争の結果がどうなっていくのかは、まだ誰にもわかりません。仮に停戦に至ったとしても、ここまで絡まり合った糸がきれいにほどけるとは、なかなか思えない状況だと言えます。しかしなぜそうなったのか、そのプロセスは知っておきたいものです。

第3章

資本主義の原型をつくった予定説とは？

カルヴァンの予定説が、資本主義の原型をつくった

キリスト教はいわゆる「世界三大宗教」のひとつとして、現代社会に大きな影響を与え続けている宗教です。その歴史は2000年にわたり、西洋文明の基盤となってきました。この章ではキリスト教の誕生から現代に至るまでの歴史を、とくにキリスト教が西洋社会の形成にどのような影響を与えてきたのか、また時代とともにどのように変化してきたのかに注目しながらたどっていきたいと思います。

『ロビンソン・クルーソー』を小さい頃に読んだことがある人は多いのではないでしょうか。18世紀初頭に出版されたダニエル・デフォーの『ロビンソン・クルーソー』は、当時のヨーロッパ社会の時代精神を色濃く反映した作品です。主人公ロビンソン・クルーソーの行動や思考には、プロテスタンティズムの影響が強く表れているように思います。

たとえば無人島に漂着したクルーソーは、のんびり好きなように生きてもいいのにどういうわけか規則正しい生活を送り、勤勉に働きます。彼は日々の活動を記録し、時間を無駄にすることなく島での生活を組み立てていきます。クルーソーの行動には神に選ばれた者としての自覚と、その恵みに応える義務感が表れているように見えます。彼は聖書を読

み、神の意志を自らの生活に反映させようとするのですね。これはカルヴァンの影響を強く受けた行動様式だと言えるでしょう。

また、クルーソーが無人島を開拓し、自らの力で文明を築いていく姿は、当時のヨーロッパの植民地主義や帝国主義的な精神を象徴しているとも解釈できます。彼が原住民である黒人のフライデーを「文明化」しようとする姿勢には、ヨーロッパ中心主義的な世界観が如実に表現されています。『ロビンソン・クルーソー』は、プロテスタンティズムの倫理観、資本主義精神、植民地主義という18世紀初頭の連合王国の社会の特徴を反映しているように思います。

カルヴァン

いま言及したカルヴァンとは、どんな人でしょうか。

ジャン・カルヴァンは法律家の子として生まれ、14歳でパリ大学に入学したというフランス出身の神学者で、キリスト教の宗教改革初期の指導者のひとりです。後述するルターの「95カ条の論題」に共感した彼は、ルター派を弾圧するフランス政府から逃れ、各地を転々としました。そのうちの都市のひとつ、スイスのバーゼルで『キリスト教綱要』を出版しました（1536年）。カルヴァンの予定説は16世紀に生まれた思想ですが、その影響は近代資本主義の発展にまで及んでいます。

予定説とは「人間の救済は神によってあらかじめ決められている」という考え方です。カルヴァンは、人間は生まれる前から天国に行くか地獄に行くかが神様によって決められていると主張しました。

この考え方は、一見すると人間の努力を否定しているようにも見えます。でも実際には逆の効果をもたらしました。信者たちは「私は救済される、選ばれた者である」と証明するために勤勉に働き、禁欲的な生活を送るようになったのです。

カルヴァンの教えは、当時のローマ教会が「罪を犯した人間でも、善行（という名のお布施や教会への寄進）を積めば天国に行ける」と言って贖宥状《しょくゆう》（昔で言う免罪符。持っていれば犯した罪が軽減される万能の赦免状《しゃめん》のようなもの）を売りさばいていたことへの強烈なカウンターでした。「そんなことは死んだあとの運命とは関係ない。私たちは選ばれし者なのだからただ立派に生きるべきなんや」と。ロビンソン・クルーソーの生き方がこれですね。

でも「教会に来て祈ったり献金をしたりするのは無意味だ」と言ったに等しいわけですから、当然ローマ教会の人たちは反発します。

カルヴァンの教えでは、世俗的な成功は神の恵みの証《あかし》とされました。つまり、仕事で成功して富を築くことは、神に選ばれた証だと考えられたのです。これによって経済活動に対する見方が大きく変わりました。それまでローマ教会では、利子を取ることや富を蓄えることは批判の対象でしたが、カルヴィニズムではそれを必ずしも厭《いと》わなくなります。こうしてカルヴァンの予定説は商工業者層に信者を拡大し、また、聖書を自ら読んでものを考えるような識字能力を持つ知識階級にも広まっていきます。

カルヴァンはスイス亡命後、１５４１年から20年以上にわたってジュネーブにおいて神権政治を行いました。神に選ばれた者としての自覚を市民に促し、清く正しく、勤勉に生きることを求めたのです。

また、カルヴァンの教えは、時間を無駄にすることを罪と見なしました。これは、効率的な労働と時間管理の重要性を強調することにつながります。こうした考え方が近代的な労働倫理の形成に大きな影響を与えたと言われています。カルヴァンの予定説が勤勉に働くことを肯定し、経済活動を積極的に評価する価値観を生み出し、これがのちに資本主義の発展を支える精神的基盤となった――というのが、ドイツの社会学者マックス・ヴェーバーの『プロテスタンティズムの倫理と資本主義の精神』（1904―1905）の主張ですね。ヴェーバーは宗教と経済の関係を考える上で重要な視点を提供しました。

カルヴァン派はフランスではユグノー、イングランドではピューリタン（清教徒）と呼ばれました。1620年にメイフラワー号に乗って北米に渡った102名のピルグリム・ファーザーズもピューリタンです。そういうわけで1719年に刊行された『ロビンソン・クルーソー』にも影響が感じられるのです。

カルヴァンの予定説は、個人の救済という宗教的な問題から出発しながら、結果的に近代社会の経済システムに大きな影響を与えることになりました。

さて、以下では、このようなプロテスタンティズムの思想が広まる以前の、初期キリスト教の布教活動からその歴史を追って見ていきましょう。

イエスの教えを広めたパウロの国際語での布教

キリスト教を始めたのはイエス・キリストということになっています。キリストとはメシアという意味で、称号ですね。ではイエス（生年は諸説あり、没年はイエスを処刑したピラトがユダヤ総督だったＡＤ26から36年の時期のいずれか）の教えとはどのようなものだったのか。

これを確定的に述べることは、実は非常に難しいのです。ユダヤ教では安息日や食べもの、異邦人との接触をはじめ、さまざまな事柄についての規定があり、それを外形的に守ることが重視され、どんな理由があろうと厳格に遵守するべしとされていました。しかしイエスは当時のユダヤ教上層部の堕落を批判し、戒律を杓子《しゃくし》定規に守ることよりもその戒律が説いていた精神に即して考えるべきだと捉え、また人々が生きる現実に即した解釈を唱えていきました。

イエス

たとえば、イエスは病人を安息日に癒やしたことで批判されると「安息日は人のためにあるのであり、人が安息日のためにあるのではない」と語ったとされています。つまりルールを外形的に守ることよりも、何のためにそういう考えが生まれたのかに立ち返って考えるべきだ、外面性よりも内面性が重要なのだ、というスタンスだったと言われています。

こういったことはわかっていますが、彼自身が文書を遺したわけではありません。また、死後に教えがまとめられたこともあって、実際のところ、のちに新約聖書として書かれたもののなかでどこまでがイエス自身が説いた内容なのかは、よくわかっていません。

イエスは30代でゴルゴタの丘で磔《はりつけ》にされて亡くなり、その後、弟ヤコブや弟子たちによってエルサレムを中心に布教が行われます。

イエスの教えを体系化して発展させ、初期キリスト教を拡大させるなかで、パウロ（生没年不詳、AD1世紀中頃に活動）の果たした役割はきわめて大きいものでした。パウロはイエスの弟子ではありません。それどころか当初、キリスト教徒を迫害する立場にあったローマ市民権を持つユダヤ人、ユダヤ教パリサイ派の人物でした。ところが馬でダマスカスへ向かう道の途上で天から光が降りそそぎ、空からイエスの声が聞こえてくる「サウロの回心」と呼ばれる出来事を経て、その後キリスト教の熱心な伝道者となりました。

パウロは当初エルサレムで教えを説こうと考えましたが、すでにヤコブらが活動していましたし、かつてイエスの教えを迫害していたパウロをヤコブたちは受け入れませんでした。そこでパウロはアナトリア半島の西部（小アジア地方。現在のトルコの一部）やエーゲ海周辺部の都市、さらにはローマ帝国の領域にまで足を延ばして布教活動を行ったのです。

パウロの布教戦略の特徴は、その柔軟性にありました。彼はユダヤ人だけでなく、異邦人(非ユダヤ人)にも積極的に布教を行います。最初の人間アダムが犯した原罪はユダヤ人だけでなく人類全体に及んでいるのだから、形式的に律法を守るユダヤ人だけを神が救うという考えはおかしい、と。これは当時のユダヤ教の閉鎖的な姿勢とは対照的でした。パウロは「イエスの教えはすべての人々に開かれている」と言って、民族や出自にかかわらず、誰もが救済の対象になると説きました。

パウロ

パウロはコイネー(当時のギリシャ語)を用いて布教を行っています。コイネーは、当時の東地中海地域で広く使用されていた共通語でした。イエスはアラム語(今のシリアやその周辺で用いられていた言葉)で説教を行っていましたが、パウロはより広い地域で理解されるコイネーを選択したのです。これによってパウロはユダヤ人だけでなく、ギリシャ人やローマ人など、さまざまな民族に向けてキリスト教の教えを広めることができました。パウロは、キリスト教がユダヤ教の枠を超えて、普遍的な世界宗教となる道を開いたのです。

パウロはイエスの言葉として、以下のようなことを布教します。

神が天地万物をつくり、人間はエデンの園で幸せに暮らしていたが、神の教えを破って禁断の知恵の実を口にしたことで原罪を背負った。イエスは全人類に代わって罪をあがない、十字架にかかって刑死したが、復活した。イエスこそが救世主メシア（キリスト）なのだ——おそらくパウロの語りには、その頃までに伝わっていたイエスの物語と、パウロが付け加えた物語が混じっていると思います。

イエスの死をＡＤ30年頃とすると、パウロが布教活動を始めたのはその数年後にあたるＡＤ34年から35年、そしてパウロの書簡や福音書が書きはじめられたのがＡＤ60年から90年頃だろうと考えられています。パウロはＡＤ65年頃に死去したようですが、パウロの書簡は新約聖書の重要な部分を占めています。これらの書簡を通じてパウロはキリスト教の教義を体系化し、初期教会の組織化に大きく貢献しました。彼の教えは、のちのキリスト教神学の基礎となっています。

４つの福音書と注目されるＱ資料

キリスト教は少しずつローマ帝国内に広まり、文書にまとめようという動きが起こって、新約聖書が書きはじめられます。最終的には新約聖書の27の文書の集合体として完成しました――といいますか現在の27文書が教会で正式に認められたのは４世紀の終わりで、それまでは何を正典とするかについて議論が続いていました。

27文書は、４つの福音書、使徒言行録、パウロの書簡など21の書簡（手紙）、黙示録からなります。「福音」とは「良い知らせ」という意味です。27文書以外に関わる異本（文書）は「外典」と呼ばれて正典とは分けられています。

キリスト教の中心的な教えは、新約聖書のなかの４つの福音書に記されています。これらの福音書はマタイ、マルコ、ルカ、ヨハネによるものとされ、それぞれイエス・キリストの生涯と教えを描いています。使徒言行録は、イエスの弟子とされるペテロやパウロたちの伝道の記録ですね。黙示録はキリストの再臨と地上の王国の滅亡を描いています。

聖書学者たちは書かれている内容を比べて、比較対照を行いました。ここから４つの福音書のうちマタイ、マルコ、ルカの３つは「共観福音書」と呼ばれるようになります。これらは内容や構成が似ていて、同じ視点（共観）からイエスの物語を語っているためです。一方ヨハネは、ほかの3つとは異なる視点や神学的解釈を含んでいると考えられました。

福音書の成立年代については諸説ありますが、一般的にはマルコがもっとも早く（60—70頃）、次いでマタイとルカ（80—90頃）、最後にヨハネ（90—100頃）という順序で書かれたと考えられています。

聖書研究において注目されているのが「Q資料」（Quelle＝ドイツ語で「源」の意味）と呼ばれるものです。これは「マタイとルカの福音書に共通して見られるが、マルコには含まれていない部分の元になった」と推測される資料のことです。マタイとルカは、マルコによる福音書とは別の「共通の情報源」を使っていたんじゃないか、ということですね。Q資料そのものは発見されていませんが、その内容は主にイエスの語録集であったと考えられています。Q資料の存在を示唆する証拠として、1945年にエジプトで発見された「トマスによる福音書」があります。これはイエスの言葉のみを集めた文書で、Q資料に近い性質を持っているという学説も登場しています。

なお、新約聖書を正典化する過程（AD2—3世紀）にグノーシス主義と呼ばれる思想が生まれます。イエスの神性だけを認め、十字架の上の死などの人間的な生は「仮象」に過ぎないという考えに基づいたものです。グノーシス主義は、人間は禁欲によって肉体的・物質的な世界から清められ、魂によって真の認識（グノーシス）を得ることで救済される――ひらたく言えば、身体や物質は「悪」で、魂や精神は「善」だと考えました。このグノーシス主義が前述のマニ教に影響を与えています。

ローマの宗教をうまく布教に利用した初期キリスト教

ローマ帝国の都であるローマでキリスト教団が布教を始めた頃、ローマの支配階級はストア派の哲学を信奉していました。ギリシャ神話の神様たちのことはあまり深く信仰してはいなかったようです。

では庶民はどうだったか。人気の宗教がふたつありました。ひとつはペルシャ起源の太陽神ミトラスを崇拝するミトラス教です。もうひとつはエジプト由来のイシス教です。

初期キリスト教は、こうした当時のローマ帝国の宗教的・文化的状況をうまく利用し、ミトラス教やイシス教から巧みに要素を取り入れていきます。

ミトラス教では、ミトラスは冬至に生まれ、夏至にもっとも強くなり、ふたたび冬至に生まれなおすとされていました。信者たちは冬至の日にミトラスの誕生を祝い、牛を生贄《いけにえ》として捧《ささ》げ、その肉を食べ、ワインを飲んで祝宴を行いました。キリスト教は、このミトラス教の祝祭日をうまく利用し、イエス・キリストの誕生日を冬至の頃に設定しました。これが後のクリスマスの起源となります。具体的な12月25日という日付が定められたのは4世紀のことですが、この日取りの選択は、ミトラス教の影響を強く受けていたと考えられます。もちろん、実際のイエスの誕生日は定かではありません。

さらにキリスト教はミトラス教の儀式を模倣し、パンとワインを用いた聖餐《せいさん》式を取り入れました。これはイエスの最後の晩餐を再現するものとされましたが、ミトラス教の信者にとっては馴染《なじ》みのある儀式であり、キリスト教への移行を容易にしたと考えられます。

一方、イシス教からは母性のイメージを借用しました。イシスは夫オシリスの死体を復活させ、息子のホルスを育てた女神として崇拝されていました。キリスト教は、このイシスの姿を聖母マリアのイメージに重ね合わせたのです。マリアが幼子イエスを抱く像は、イシスがホルスを抱く像を想起させるものでした。こういう施策を通じて、イシス教の信者たちにとってもキリスト教が親しみやすいものとなったと考えられます。

またキリスト教は、ギリシャ神話の最高神ゼウスの姿をイエスの表現に取り入れました。ヒゲを生やした威厳のあるイエスの姿は、ゼウスの姿を想起させるものです。ギリシャ・ローマの伝統的な神々に慣れ親しんだ人々にとってイエスを受け入れやすくする効果があったのでしょう。ゼウスを思わせるイエスの表情は、ビザンティン時代の美術作品にたくさん残されています。

これらはたんに異教を模倣したのではなく、キリスト教の教えを人々に効果的に伝えるための戦略的な選択であったと言えます。

教えの中身ももちろん重要でした。2、3世紀頃からユーラシア大陸は寒冷化の時代に入り、東のモンゴルから西にかけて広がる大草原地帯の遊牧民が大量に南下を始めます。そのためにローマ帝国の国境線は破られ、治安が悪くなりました。天候もかんばしくないため農作物もろくに取れなくなり、飢えが拡大していきます。不安が蔓延《まんえん》するなかで「イエスの言葉を信じれば、最後の審判で天国に行けます」と説いたキリスト教の教えは民衆の心に刺さりました。いつ誰が亡くなってもおかしくないような、死が身近だった時代には「死後どうなるのか」は人々のきわめて重要な関心事でした。

キリスト教は社会の底辺層、とくに奴隷や女性、貧民に対して平等と救済を説いていきます。これは厳格な階級社会であったローマ帝国において、多くの人々の心に訴えかけるものでもありました。

ペテロ

　ところで、ローマ教会の起源は、イエスの一番弟子と伝えられる使徒ペテロ（シモン）がローマで布教活動を行い、そこで殉教したという伝承に遡ります。ローマ教会はペテロを初代ローマ教皇とし、その後継者たちが教皇として教会を率いてきたと主張しています。しかし初期キリスト教時代には、ローマ教会は他の主要な教会、たとえばコンスタンティノープル教会、エルサレム教会、アンティオキア教会、アレクサンドリア教会と同等の地位にありました（五大教会）。
　ローマ教会が特別な地位を主張し始めるのは4世紀頃からです。313年に東の正帝リキニウスと西の正帝コンスタンティヌス1世（在位306―337）がミラノで会談したあと、信教の自由を認めるリキニウス勅令（後の世に言うミラノ勅令。コンスタンティヌス1世の功績と言われるが、史実は違います）が発布されます。この勅令が出されたあとでふたりは戦い、勝利したコンスタンティヌス1世がローマ帝国全域の皇帝となります（324

年)。

さらに、テオドシウス1世(在位379—395)によって392年にキリスト教がローマ帝国の公式宗教となります。以降、テオドシウス1世はキリスト教以外の宗教を弾圧しました。ギリシャの神々への信仰も禁じられ、古代オリンピックもなくなりました。

テオドシウス1世がなぜそう決めたかと言えば、キリスト教が布教活動のためにローマ帝国全域に敷いた教会組織を、帝国の統治機構として使おうと考えたからです。当時、北方からの諸部族の侵攻によってローマ帝国の街道や軍の拠点が断ち切られていたのです。

これに対抗するために教会の力を借りるには、国教化してほかの宗教を禁じるのが一番だった、というわけです。このテオドシウス1世の決断に関わったのがミラノ教会の司教アンブロシウスです。キリスト教は国教になることによって大きな権力を得ました。

コンスタンティヌス1世がローマ帝国の首都をコンスタンティノープルに移した頃から、キリスト教の五大教会が成立します。この五大教会の最高位はのちに「総大司教」と呼ばれるようになりますが、アレクサンドリア教会とローマ教会では「教皇」と呼ばれました。

なお当時のローマ教会は帝国の首都の教会ではなくなり、人口も減り、教義論争においてもあまり存在感を持ち得ませんでした。そんな時代もあったわけです。

ただしキリスト教が拡大するとともに、教義をめぐる論争も激しくなっていきました。

正統派をめぐる論争

キリスト教の正統派を巡る論争は、初期キリスト教会の歴史において重要な出来事でした。この論争を通じてイエス・キリストの本質や三位一体《さんみいったい》の教義など、キリスト教の根幹をなす信仰の内容が確立されていったのです。神学に馴染みの薄い人にはややこしく感じられるかもしれませんが、現在の多様に分かれたキリスト教を理解するためにも重要な点ですから、ひととおり流れを説明していきましょう。

キリスト教が誕生して間もない頃には、さまざまな解釈や教えが存在していました。そのなかでいったい何が正しい教えであるのかを決定する必要が出てきます。

とくに問題となったのは、イエス・キリストの神性と人性の関係でした。イエスは神なのか、人間なのか、それとも両方なのか。この問いに対する答えは、キリスト教の本質を決定づける重要な要素でした。

この議論の端緒となったのが、エジプトのアレクサンドリアの司祭アリウス（250頃

―336頃）と、アレクサンドリアの司教アタナシウス（296頃―373）でした。

アリウスは「イエスは神によって創造された存在であって、完全な神ではない」と主張しました。「神様は唯一の存在なのだから、イエスは神そのものではない。神がつくった被造物で、神様とイエスは別物だ」という考えですね。「神は神、イエスは人の子だ」。

イエスの神性は否定しませんが「神そのものではないよ」と。けれども人間であるお母さんのマリア様から生まれたイエスが、神のように全人類を救ってくれるのです――これは一般の信者にとってわかりやすいですよね。イエス様を少し身近にも感じさせてくれます。

アリウス

ところがアレクサンドリア教会では教皇をはじめ多くの人たちがアリウスを批判し、幹部会を開いて破門してしまいました。「イエスは人の子」だなんてとんでもない、「イエスは神の子」だ、と考えたからです。ただアリウス流の考えは理解しやすいものでしたか

アタナシウス

ら、エジプトからオリエント地方、西ヨーロッパにも広まっていきました。

この論争を解決するため、ローマ帝国を統一して間もないコンスタンティヌス1世によって325年にニカイア公会議が開かれました。この会議は、キリスト教史上初めての全教会的な会議でした。

アリウスを批判する主要な論客アタナシウスは「イエスは父なる神と同一の本質を持つ永遠の存在である」と主張しました。「神がイエスという人間を借りて受肉したからこそ、イエスへの信仰が成立するのです。神とイエスが異質なものであったら信仰は成立しません。父なる神と子なるイエスは同質なのです。イエスは神の子です」と。「受肉」とは、神の子イエスが人間（＝肉）として生まれたことを意味します。

さらにアタナシウスは「マリアを宿したのは、神の分身ともいえる聖霊です。主たる神は、人類を原罪から救うために、父なる神と子なるイエス、マリアを宿した聖霊という3つの位格をつくられました。この3つはいずれも神なのです。イエスは母なるマリアから

正当な教義をめぐる公会議

	年代	開催場所	召集者	確認された事項
第1回	325年	ニカイア	コンスタンティヌス1世	アタナシウス派を正当とし、アリウス派を異端とする
第2回	381年	コンスタンティノープル	テオドシウス1世	三位一体の信仰がより明確に定められた
第3回	431年	エフェソス	テオドシウス2世	ネストリウス派を異端とする
第4回	451年	カルケドン	マルキアヌス	単性説を異端とする

生まれましたが、神の位格を持つ存在なのです」と考えました。「位格」（persona）の原義は「仮面」ですが、簡単に言えば「神格」ですね。

多くの日本人には、なかなか「聖霊」が神様と一体であるという概念自体が馴染みが薄いものかもしれません。「神」と「聖霊」では、ランクが違うような印象を受ける人もいることでしょう。でもアタナシウスたちは神・イエス・聖霊はいずれも神だと考えました。

ニカイア公会議では大論争が繰り広げられましたが、ここでアタナシウスの主張が正統とされ、「ニカイア信条」が制定されました。この信条は、イエス・キリストが父なる神と同一の本質を持つことを宣言し、三位一体の教義の基礎を築きました。

とはいえ、この決定によって論争が完全に終わったわけではありません。アリウス派の影響力は依然とし

ネストリウス

て強く、その後も教会内で対立が続きます。コンスタンティヌス2世（在位337—361）も熱烈にアリウス派を支持しました。

そこで381年にローマ皇帝テオドシウス1世がコンスタンティノープルにて第2回公会議を開きます。ここではニカイア信条が再確認され、さらに神の分身ともいうべき聖霊の神性も明確に宣言されました。これによって父と子と聖霊の三位一体の教義がより明確に定められました。

この間、ネストリウス（在位428—431）という人物が登場し、新たな論争を引き起こします。テオドシウス1世の時代にもっとも勢いがあったのは、ローマ帝国の首都に位置するコンスタンティノープル教会です。

このコンスタンティノープル教会で総主教を務めたネストリウスは、イエス・キリストの神性と人性を厳密に区別し、マリアを「テオトコス（神の母）」と呼ぶことに反対しました。この頃、イエスを描くマリア像が「聖母マリア」として信仰の対象になっていたのですが、ネストリウスからすれば「マリアは人間なのだから、神の母と呼ぶのはおかしい」と批判したのです。「マリアに神格を認めてしまったら、人間なのか神なのか、わけがわからなくなるやろ」と。

くわえてネストリウスは「イエスは神の要素も人間の要素も持っている」と考え、イエスの人格は十字架にかけられた死んだときになくなり、神格だけが復活したイエスに残ったと主張しました。

言ってみれば三位一体説とアリウス派の折衷です。

結果、やはり三位一体説派から大きな批判を受けます。

これに対して、またまた会議が招集されました。ローマ皇帝テオドシウス2世（在位408—450）が、アナトリア半島のエーゲ海に面する古都エフェソスにてエフェソス公会議を開きました（431年）。この会議でネストリウスたちコンスタンティノープル教会を批判したのはアレクサンドリア教会のキュリロスでしたが、ようするにふたつの教会の勢力争いでもありました。決着は付かずに公会議は分裂、ふたつの教会がお互いを罷免することとなったと言われています。

これに対してテオドシウス2世が仲介し、三位一体を認め、マリアを「神の母」と呼ぶことが正統な教えであると宣言されます。ネストリウスの教えは異端とされます。

異端として迫害を受けたネストリウス派は、このあと東へ向かい、サーサーン朝領内、すなわち現在のトルコからイラン、さらには中央アジア全域、中国にも布教をすすめていきます。大元《だいげん》ウルス（モンゴル帝国）を開いたクビライ（在位１２６０―１２９４）の母、ソルコクタニ・ベキもネストリウス派の信者でした。

さらに４５１年のカルケドン公会議では、イエス・キリストの神性と人性の関係について、よりくわしい定義が示されました。ここでイエス・キリストは完全な神であり、同時に完全な人間であるという「二性一位格」の教義が確立されます。この教義は、イエスの神性と人性が混合したり変化したりすることなく、ひとつの位格のなかに存在するという複雑な概念を表現しています。そして「イエスに神性だけを認める」という「単性論」が異端とされました。しかしこの単性論はコプト教会（エジプト）やシリア教会、アルメニア使徒教会などで今でも信奉されています。

三位一体説ではイエスの位格を神性と人性の一体と考え、神か人かを問いません。なかなか理解が難しい理論です。

ともあれ、これらの公会議を通じて、キリスト教の正統な教義が段階的に確立されていったわけです。けれどもこれらの決定に従わない集団も存在し、彼らは「異端」として教会から排除されながらも各地へ広がり、独自の発展を遂げていきます。

正統派をめぐる論争は神学的な議論にとどまらず、政治的な側面も持っていました。ローマ帝国の皇帝たちは宗教的な統一が帝国の安定につながると考え、これらの論争に積極的に関与していましたし、アレクサンドリアやアンティオキアなどの主要な教会のあいだの権力争いも論争に影響を与えていました。

三位一体説を確立したからといって、キリスト教内部の分裂は収まりませんでした。東方教会と西方教会のあいだの対立は徐々に深まり、最終的には1054年の東西教会の大分裂（大シスマ）へとつながっていきます。この分裂は、教義の違いだけでなく、文化的・政治的な要因も絡んだ複雑なものでした。

なお、東方教会はしばしば「正教会」「東方正教会」「ギリシャ正教」と表記されますが「正」とはつまり「正統」を意味しています。「正教会」と呼んでしまうとそれ以外の教義が「正統ではない」（異端である）と見なすのに等しいため、本書では基本的にこの呼び方は採用せず「東方教会」と表記します。

また西方教会とはいわゆる「ローマ・カトリック教会」ですが、「カトリック」は「正統」を意味します。ですから同様に「カトリック」と呼称せず、本書では「ローマ教会」

と記述します。

東西の教会の大分裂（大シスマ）

東西のキリスト教会の大分裂、いわゆる大シスマは、キリスト教史上もっとも重要な出来事のひとつです。この分裂は1054年に起こりましたが、その原因は長い歴史の中で徐々に積み重なってきたものでした。

大シスマの背景には、ローマ帝国の東西分裂があります。395年、ローマ帝国最後の統一皇帝テオドシウス1世（在位379―395）の死後、帝国は東西に分割されました。この政治的な分裂は、やがて教会の分裂にもつながっていきます。

東ローマ帝国（ビザンツ帝国）の首都コンスタンティノープルは、「新しいローマ」として栄え、その教会も大きな権威を持つようになりました。一方、西ローマ帝国が476年に滅亡した後も、西のローマ教会は独自の権威を主張し続けました。ローマ教会は、使徒ペテロの後継者としての特別な地位を主張し、全キリスト教会の首位権（ローマ教皇は公会議よりもえらい、つまりほかのどの教会よりもえらいという考え）を主張するようになります。

東と西の教会の対立は、8世紀から9世紀の聖像破壊運動（イコノクラスム）の際にも表面化しました。726年から843年にかけて、東ローマ皇帝たちが聖像崇拝を禁止しましたが、ローマ教会はこれに強く反対しました。偶像崇拝の禁止自体は旧約聖書のモーセの十戒にも「偶像を作ってはならない」とある、古いものです。

しかし実際には絵画や彫刻で聖書の内容は無数に描かれ、字が読めない人に対する布教の手段として、あるいは聖書の出来事をイメージで理解しやすくするために用いられてきました。東ローマ皇帝レオーン3世（在位717―741）による聖像破壊の勅令は、帝国の小アジア側や一部の聖職者・知識人には支持された一方で、人間の姿をした神々が登場する古代ギリシャ文化の伝統がある首都コンスタンティノープルや、イコン製作に携わる東方教会の修道士からの激しい抵抗を受けました。

イコノクラスムは第7全地公会において「異端」と断じられ、東ローマ帝国地域でもイコン崇敬は復活します。今日では西方のローマ教会よりも東方教会のほうが、イコンがさかんに描かれていると言われています。ともあれこの対立も単なる神学的な問題ではなく、皇帝の権威と教会の自由という政治的な問題でもありました。

9世紀には、ブルガリアの布教権をめぐる争いが起こります。ローマ教会と東方教会

（コンスタンティノープル教会）は、新たにキリスト教に改宗したブルガリアの支配権、自らの影響力拡大をめぐって対立したのです。

さらに「フィリオクエ」（ラテン語で「また子より」を意味する“Filioque”）という言葉をめぐる論争も、東西教会の対立を深めました。西のローマ教会は「聖霊が父と子から発出する」という教義を採用し、信条に加えましたが、東方教会はこれを認めず「聖霊は父より発する」としました。キリスト教に興味がない人からしたら「何が違うねん」と思うかもしれませんが、当事者たちにとってはこの違いは、三位一体の理解に関する根本的な相違を示すような重大なものだったと言えます。

また、教皇の権威についても意見の相違がありました。ローマ教会は教皇の首位権、つまり「ローマ教会がいちばんえらいんや」と主張しましたが、東方教会は受け入れませんでした。

こうした対立が積み重なるなか、1054年に決定的な出来事が起こります。当時のローマ教皇レオ9世（在位1049―1054）の特使として派遣されたフンベルトゥス枢機卿《すうききょう》が、コンスタンティノープル総主教ミカエル・ケルラリオスを破門します。対抗してミカエル・ケルラリオスも、フンベルトゥスたちを破門しました。これが東西教会の大分裂

（大シスマ）の直接的なきっかけとなります。

この分裂には、東西の文化的な違いも関係しています。東方教会はギリシャ語を使用し、ギリシャ哲学の影響を強く受けていました。一方、西方教会はラテン語を使用し、ローマ法の影響を受けていました。こうした言語やバックグラウンドの違いが、神学的な解釈の違いにもつながっていたのです。

大シスマ以降、東西教会はそれぞれ独自の道を歩むことになります。東方教会は、コンスタンティノープルを中心に発展し、後にロシアなど東欧諸国に広がっていきました。一方、西方教会（ローマ教会）は、ローマ教皇を頂点とする中央集権的な組織を強化し、西欧諸国を中心に影響力を拡大していきました。

大シスマは、その後の世界史にも大きな影響を与えています。たとえば1204年の第4回十字軍では、西欧のキリスト教徒がコンスタンティノープルを攻撃し、略奪する事態が起こりました。キリスト教徒同士で戦っているわけです。

また、15世紀にオスマン帝国がコンスタンティノープルを征服した際、西欧諸国は東ローマ帝国を助けることに消極的でした。これも東西教会の分裂が背景にあったと言えるでしょう。

大シスマは、その後何度か修復の試みがなされました。とくに1439年のフィレンツェ公会議では、一時的に東西教会の再統合が宣言されましたが、これは長続きしませんでした。東方教会の多くは、この統合を受け入れなかったのです。

結局、東西教会の大分裂は、20世紀後半まで続くことになります。1965年になってようやくローマ教皇パウロ6世（在位1963―1978）とコンスタンティノープル総主教アテナゴラス1世が、相互破門を解除しました。これによって形式的には大シスマは終結しましたが、両教会の完全な再統合には至っていません。しかし同時にエキュメニズム（教会一致運動）の流れのなかで、両教会の対話と協力も進んでいます。

ローマ教会を特徴づける領土・資金・情報

数あるキリスト教組織のなかでも、ローマ教会は領土、資金、情報という3つの要素を巧みに活用し、強大な影響力を築き上げていきました。これらの要素は、ローマ教会がほかの宗教団体とは異なる独特の性格を持つ要因となり、歴史的な発展と現代における影響力の源泉となっています。3つの要素がどのように関連し合い、ローマ教会の特徴となっていったのか、時代を追って見ていきましょう。

まず「領土」についてです。

ローマ教会が実質的な領土を持つようになったのは、8世紀半ばのことでした。751年にフランク王国の実権を握ったピピン3世（在位751―768）は、ローマ教皇ステファヌス2世（在位752―757）の要請を受けて、イタリアに侵攻したランゴバルド族を撃退しました。756年には、イタリア中部の広大な土地をローマ教皇に寄進しました。これが「ピピンの寄進」と呼ばれる出来事です。この寄進により、ローマ教皇は単なる宗教的指導者から、領土を持つ「君主」としての地位も得ることになりました。

この背景には、330年にローマ皇帝コンスタンティヌス1世がローマからビザンティウム（のちのコンスタンティノープル）に都を移す際にローマ教皇に対して「ローマ皇帝である自分は東方のビザンティウムに遷都する。西方はローマ教皇に全権を委任するので自由に支配してほしい」と統治権を譲渡する内容の書状、「コンスタンティヌスの寄進状」の存在がありました。

実はこの寄進状はルネサンス期にローマ教会の聖職者であったロレンツォ・ヴァッラによって偽書だと証明されたのですが、長年ローマ教会が領土を持つ根拠とされてきました。

教皇領の存在によって、ローマ教会は世俗の権力とも渡り合える政治的実体を持つこととなります。もっとも、領土の存在は同時に多くの問題を引き起こすことにもなります。世俗の権力との対立、領土の管理をめぐる問題はローマ教会の歴史において常に大きな課題となりました。

とくに19世紀のイタリア統一運動のなかで教皇領は縮小され、最終的には1870年にローマが占領されて教皇領は消滅します。現在のバチカン市国は1929年のラテラノ条約によって成立した小国家です。面積はわずか0・44平方キロメートルですが、領土の存在によってローマ教皇はいまでも独立国家の元首としての地位を保っています。この特殊な地位が、ローマ教会の国際的な影響力の源泉のひとつなのです。

次に「資金」の話です。話を中世まで戻しますが、ピピンの寄進以降、領土を持つことでローマ教会は安定した資金源を手に入れることができました。領内からの税収に加え、ヨーロッパ各地の教会からの献金も集まるようになって財政基盤が強化されていきます。また、先ほど述べた十字軍の時代には、聖地エルサレムへの巡礼者たちからの寄付も重要な収入源となりましたし、アメリカ大陸への到達以降はスペインやポルトガルの植民地からの富も間接的に懐を潤すことになりました。

現代のローマ教会の財政は、主に信者からの献金や投資収益によって支えられています。バチカン銀行（正式名称は「宗教事業協会」）は、ローマ教会の資産運用を担う金融機関として知られていますが、一般の企業や団体とは比較にならないほど巨額を扱っていると見られるにもかかわらず実態は不透明で、マフィアとのつながりや汚職、マネーロンダリング（資金洗浄）の温床となってきました。ローマ教会の資金力は布教のみならず慈善事業を支える力となっていますが、同時に批判の的ともなっています。

最後に「情報」です。ローマ教会は、情報の収集と管理においても卓越した能力を発揮しています。13世紀に導入された「耳聴告白制度」は、その代表例です。この制度は信者が定期的に司祭に罪を告解することを義務付けるものでしたが、同時に教会が民衆のさまざまな情報を得る手段ともなりました。人々が「これこれこんなことをしてしまいました。許してください」と教会で秘密を話して懺悔《ざんげ》するのですから、教会には個人的な悩みから政治的な動向まで、あらゆる情報が集まるようになりました。これが民衆の支配・監視ツールとして機能するのです。

また、ローマ教会は早くから文書管理の重要性を認識し、精緻な記録システムを構築してきました。バチカン図書館や秘密文書館には膨大な量の歴史的文書が保管されており、これらは貴重な歴史的・文化的資源ともなっています。

このように「領土」「資金」「情報」の3要素は相互に作用し合い、ローマ教会の力を増大させていきました。たとえば豊富な資金を背景に、ローマ教会は広大な土地を買い集めることができました。また各地の修道院や教会を通じて得られる情報は、領地の効率的な管理や政治的な判断に活用されました。

ローマ教会のこうした特徴は、中世ヨーロッパの政治や社会に大きな影響を与えます。たとえば1077年に起こった「カノッサの屈辱」と呼ばれる出来事は、ローマ教皇グレゴリウス7世（在位1073―1085）がローマ皇帝ハインリヒ4世（在位1056―1106）を破門し、皇帝が雪のなかを裸足《はだし》で教皇の赦《ゆる》しを乞うたと言われている、象徴的な事件でした。

このあと教皇は皇帝の手厳しい反撃を受けてローマを追われてサレルノで客死しますが、それでもローマ教会が世俗の君主とバチバチに渡り合えるほど強大化していたことは間違いありません。

現代においてもバチカン市国というかたちで領土を持ち続け、世界中の信者からの献金を集め、独自の情報網を持つローマ教会の姿には、その長い歴史が反映されているといえるでしょう。

「宗教戦争」という見方だけで片付けられない十字軍

11世紀末から13世紀末にかけて、十字軍遠征が行われました。

十字軍の始まりは、1095年に教皇ウルバヌス2世（在位1088―1099）がクレルモン公会議で行った演説に遡ります。

当時、セルジューク朝トルコがエルサレムを含む聖地を支配し、キリスト教徒の巡礼が困難になっていました。セルジューク朝は11世紀から12世紀にかけて現在のイラン、イラク、トルクメニスタンを中心に存在したイスラーム王朝です。また、東ローマ帝国（ビザンツ帝国）もセルジューク朝の脅威にさらされていました。これらの状況を背景に、ウルバヌス2世は聖地解放を呼びかけ、参加者には罪の許しを約束しました。

この呼びかけは、当時のヨーロッパ社会に大きな反響を呼び、多くの人々が十字軍に参加することになります。エルサレムは聖書の記述に基づいて「乳と蜜の流れる地」と豊かさが謳《うた》われたため、たんに宗教的な情熱からというより、当時のヨーロッパの社会的・経済的な状況とも相まって「一攫千金《いっかくせんきん》の夢があるぞ」と大きな反響を呼んだのです。たとえば当時フランスでは人口が増えており、東方の豊かさを求めて、食いっぱぐれている人たちが集まってきました。

また、商人にとっては交易拡大を狙えるビジネスチャンスが到来したわけです。もちろん宗教的情熱を持って参加した人たちもいましたが、十字軍と在地勢力の争いを単純に「宗教戦争」と見ることはできません。

そんな第1回十字軍（1096―1099）は、予想外の成功を収めました。襲われたシリアやパレスチナの人々からすれば、戦いの前に何の通告もありませんでしたし、そもそも何をしに来たのかもわかりませんでした。いきなり大群衆がやってきて略奪や殺戮《さつりく》が行われたのですから、たまったものではありません。

イスラームの人々には、十字軍という考え方自体がなかなか理解できなかったようです。また、セルジューク朝は当時、政権内部に深刻な亀裂が走っていたために、組織的な対応に遅れが出てしまいました。

十字軍は1099年にエルサレムを占領し、エルサレム王国を建設しました。

十字軍の兵士たちは異教徒であるイスラーム教徒を殺害することが神の意志であると信じ、残虐な行為を正当化しています。また、ウルバヌス2世が各地の司教たちにも十字軍を勧誘させたことで民衆のあいだの反ユダヤ主義の暴発につながり、ユダヤ人共同体が襲われ大殺戮が行われました。これがヨーロッパにおける組織的なユダヤ人迫害（ポグロム）の嚆矢《こうし》となります。ただしエルサレムやほかのシリアの都市を拠点に沿岸部を統治するようになると、さすがに領内のムスリムに配慮した政治をするようになりました。

十字軍の成功は長くは続きませんでした。第2回十字軍（1147―1149）は、第1回十字軍後に設立された4つの十字軍国家のひとつであるエデッサ伯国が陥落したことを受けて組織されましたが、大きな成果を上げることができませんでした。

サラーフッディーン（サラディン、在位1174―1193）率いるアイユーブ朝軍が十字軍に反撃し、1187年にはテンプル騎士団・聖ヨハネ騎士団を撃破、クレッソン泉の戦いでエルサレムを奪回し、7月にはヒッティーンの戦いで十字軍の主力を壊滅させました。

サラーフッディーンによって十字軍国家は海岸線に追い込まれ、エルサレム王国はティルス、のちにはアッコン（現在のイスラエルの港町アッコ）に拠《よ》ることになりました。

エルサレムの喪失はヨーロッパに大きな衝撃を与え、教皇グレゴリウス8世（在位1187）によって第3回十字軍（1189―1192）が組織されました。イングランド王リチャード1世（在位1189—1199）やフランス王フィリップ2世（在位1180—1223）など、ヨーロッパの有力君主が参加し、そろって聖地に赴くことになりました。リチャード1世とサラーフッディーンは1年以上にわたって戦い続けますが、1192年、リチャード1世はエルサレム奪還をあきらめ、サラーフッディーンはキリスト教徒がエルサレムに巡礼に行くときの安全保障を定めた平和協定を締結し、第3回十字軍を終結させました。

十字軍のなかでもとくに注目すべきは、第4回十字軍（1202—1204）でしょう。この十字軍は当初エジプトをめざしていましたが、途中で方向を変え、キリスト教国である東ローマ帝国の首都コンスタンティノープルを攻撃し、略奪を行いました。このときの十字軍の略奪・殺戮はすさまじく、コンスタンティノープルは荒廃し尽くします。なお、ヴェネツィアのサン・マルコ寺院の屋上を飾る4頭の青銅の馬は、この時の「戦利品」です（もっとも、飾られているのはレプリカで、オリジナルは聖堂内にありますが）。

十字軍が東ローマ帝国滅亡の種を蒔《ま》いたのです。十字軍はもはや「異教徒との戦い」という大義名分すら失っており、東方教会とローマ教会の対立を深める結果にもなりました。

第6回十字軍は(1228—1229)は、ローマ教皇グレゴリウス9世(在位1227—1241)がローマ皇帝フリードリヒ2世(在位1220—1250)を破門したため、「破門十字軍」と呼ばれています。けれどフリードリヒ2世は、賢い皇帝でした。アイユーブ朝のスルタン、アル=カーミルと1229年に平和条約を締結し(10年間の休戦)、エルサレムを回復しました。初めて戦闘行為なしに和平が実現されました。フリードリヒ2世の大手柄です。

最後の主要な十字軍は、第7回十字軍(1248—1254)で、フランス王ルイ9世(在位1226—1270)が率いました。しかし、この遠征も失敗に終わり、「十字軍の時代」は1291年にアッコンが陥落し、十字軍国家がすべて滅亡したことで終わりを告げます。

十字軍は東方世界におけるキリスト教徒とイスラーム教徒の関係悪化につながりました。またたとえば、その後のイベリア半島におけるキリスト教徒によるムスリムやユダヤ人の排斥闘争であったレコンキスタ(国土回復運動)や、いわゆる新大陸(南北アメリカ大陸)におけるキリスト教徒の布教活動、東欧での非キリスト教徒との戦い(ドイツ騎士団)などに、その影響を見ることができます。

現代まで続く聖年の起源

ローマ教会には「聖年」――「ローマ巡礼者に特別の赦しを与える」とする年があります。この制度は1300年に始まるのですが、これは中世後期のローマ教会の状況を反映しています。十字軍の時代が終わり、教会の権威が少しずつ揺らぎ始めていた時期に、教皇たちは新たな方法で信者たちの信仰心を高め、同時に教会の財政を立て直す必要がありました。

最初の聖年を宣言したのは教皇ボニファティウス8世(在位1294―1303)です。当時、フランス王フィリップ4世(在位1285―1314)がフランドル地方(現在のベルギー西部を中心にオランダ南西部、フランス北東部にまたがる地域)をめぐってイングランドと戦争を始め、その戦費調達のために教会への課税を行い、フランスの教会からローマへの送金を止めさせていました。これによって教皇庁の財政が圧迫されていたのです。

「うーん、フランスからカネが届かなくなって困ったな……あ、そうや!」

ユダヤ教には「ヨベルの年」という慣行がありました。ヨベルの年は50年ごとに行われる特別な年で、借金の帳消しや奴隷の解放などが行われていました。

ボニファティウス8世は、この「ヨベルの年」にヒントを得て聖年を制定したと言われています。

聖年には、ローマを訪れる巡礼者に特別な贖宥（罪の赦し）を与えるという特典が設定されました。こうすればローマ教会の総本山に信者がたくさんやってきて、みんな喜んで寄付してくれるだろう、と。実際、１３００年の聖年には予想を上回る巡礼者がローマを訪れ、期待以上のマネーが転がり込みました。一大観光事業のできあがりです。

この成功を受けて、聖年は定期的に行われるようになりました。当初は「１００年に１度の開催」と言っていましたが、１３４３年にクレメンス６世（在位１３４２―１３５２）が50年に1度に変更し、さらに１４７０年にパウルス2世（在位１４６４―１４７１）が25年に1度と定めました。この25年周期は現在も続いています。

いまでも聖年には多くの巡礼者がローマを訪れ、特定の聖堂（主にサン・ピエトロ大聖堂、サン・ジョバンニ・イン・ラテラノ聖堂、サンタ・マリア・マッジョーレ聖堂、サン・パオロ・フォーリ・レ・ムーラ聖堂）を巡ります。

聖年制度には批判もありましたが、ローマ教会は聖年の伝統を守り続けました。20世紀に入ると、聖年の意味合いも少しずつ変化していきます。１９３３年には、イエス・キリストの死後１９００年を記念する特別聖年が開催されました。また、第二次世界大戦後の

1950年の聖年は、戦後の平和と和解を祈る機会となりました。最近では2000年の大聖年がとくに盛大に祝われ、2015年から2016年にかけては、教皇フランシスコによって「慈しみの特別聖年」が宣言されています。

聖年は教会の財政難解決の手段として始まりましたが、現代ではローマ教会が社会に対して新しい姿を打ち出し、存在感をアピールする機会にもなっています。本書が刊行される2025年もちょうど聖年です。

ルターの宗教改革

ルターの宗教改革は、16世紀のヨーロッパで起こった大きな宗教的・社会的変革でした。この改革は、ドイツの修道士マルティン・ルター（1483―1546）によって始められました。

1517年10月31日、ルターはヴィッテンベルク城教会の扉に「95か条の論題」を掲示します。贖宥状の販売を含む教会の慣行に対する批判を列挙したものです。聖書のどこにそんなことが書いてあるのか、搾取やないか、と。

ルターの主張は、当時新しく発明された印刷技術によって急速に広まりました。彼の考えは、聖書だけが信仰の源泉であるという「聖書のみ」の教義や、信仰によってのみ救済されるという「信仰のみ」の教義などを中心としていました。

ルターの改革はローマ教会の強い反発を招きます。1521年、神聖ローマ皇帝カール5世（在位1519―1556）はヴォルムスの帝国議会でルターに教えの撤回を迫りましたが、ルターはこれを拒否します。帝国追放令を受けたルターはザクセン選帝侯フリードリヒ3世（在位1486―1525）の保護を受け、ヴァルトブルク城に匿《かくま》われました。ここで、ルターは聖書をラテン語からドイツ語に翻訳し、一般の人々が直接聖書を読めるようにしました。

ルター

ルターの改革は、ドイツのみならず周辺諸国にも大きな影響を与えていきます。スイスではウルリヒ・ツヴィングリ（1484―1531）が、フランスではジャン・カルヴァンが、それぞれ独自の改革運動を展開しました。これらがプロテスタントと呼ばれる新しいキリスト教の一派をつくっていくわけですね。

宗教的な変革にとどまらず、社会や政治にも大きな影響を与えました。たとえば、ドイツでは1524年から1525年にかけて農民戦争が起こり、多くの農民が社会的不平等に対して蜂起しました。ドイツ農民戦争の代表的指導者トマス・ミュンツァーはだんだん急進的な主張に傾斜して社会変革を掲げるようになります。

当初は反乱を支持していたルターですが、彼は社会制度についての考えは保守的でしたから「やりすぎやないか」と思うようになって鎮圧派にまわります。当然、農民たちはがっかりします。これでドイツ南部・中部ではルター派は支持を失い、以後ローマ教会が主流となります。一方でルターの政治的な保守性を認識した領主階級は、ローマ教会を通じて支配体制を強化しようとするカール5世への対抗から、ルター派を支持するようになっていきました。

ほかにもヨーロッパ各地で宗教戦争が勃発し、ローマ教会とプロテスタント勢力の対立は長く続きます。

1555年、アウグスブルクの宗教和議が締結され、ドイツ国内でのルター派の公認が決まります。これによって「領主の宗教がその領地の宗教」という原則が確立し、ドイツの諸侯は自らの領地内で宗教を選択する権利を得ました。

もっともこれは「諸侯が」決める権利を得たのであって、そこに住むひとりひとりが「俺はルター派」「私はローマ教会」などと自由に決められるようになったわけではありません。

対抗宗教改革と新大陸進出

宗教改革に対してローマ教会内部からもカウンターの動きが勃興してきます。対抗宗教改革（反宗教改革）です。1545年から1563年にかけて開催されたトリエント公会議ではローマ教会の教義を再確認し、教会内部の改革を進めることが決まります。たとえば聖職者の教育の強化や、教会の腐敗の是正などが行われました。

対抗宗教改革のなかでとくに重要な役割を果たしたのがイグナチオ・デ・ロヨラ（1491―1556）によって創設されたイエズス会です。パリ大学に学んでいたイグナチオ・デ・ロヨラやフランシスコ・ザビエル（1506―1552）ら7人の若者がモンマルトルの丘で「貞潔・清貧・世界への宣教」という3つの誓いをたてました。イエズス会は高度な教育を受けた聖職者として、プロテスタントとの神学的な論争でローマ教会の立場を擁

ザビエル

護します。

同時期、ヨーロッパ諸国はアメリカ大陸への進出を本格化させていました。１４９２年にクリストバル・コロン（１４５１—１５０６。日本では「コロンブス」と呼ばれる）がアメリカ大陸に到達して以来、スペインやポルトガルを中心とする国々が、新たな領土の獲得と資源の搾取をめざして積極的に海外進出を行いました。

新大陸進出はヨーロッパ諸国にとって新たな富と力の源泉となりました。とくに中南米で発見された金銀はヨーロッパの経済に大きな影響を与えます。スペインのフェリペ２世（在位１５５６—１５９８）は現在のメキシコとペルーからの富を背景に、ヨーロッパでの覇権争い、宗教改革への対抗としての勢力拡大を進めました。中南米からさかんに金銀の流入があった頃が、いわゆる「太陽の沈まない帝国」と呼ばれた時代となります（実際にはスペインはレコンキスタ達成後に商業活動の中核にいたユダヤ人やムスリム商人を追い出すなど、失策が続いて国内経済はすでに沈みかけていましたが）。

周知のように、新大陸進出は現地の先住民に対する過酷な支配を伴うものでした。コンキスタドール（征服者）と呼ばれたスペインの軍人たちは、アステカ帝国やインカ帝国などの先住民の文明、文化、伝統を破壊し、多くの人々を奴隷化しました。また、ヨーロッパから持ち込まれた病気によって先住民の人口は激減します。

ローマ教会は新大陸をルター派などの新教諸国で失った陣地を取り戻す機会と見なし、イエズス会をはじめとする宣教師たちは新大陸の先住民をキリスト教に改宗させる活動を精力的に行いました。こうした新大陸での布教活動は、現地の人々との軋轢《あつれき》も生みます。スペイン人による搾取に対し、ドミニコ会のバルトロメ・デ・ラス・カサスらが先住民の人権擁護を訴える一方で、多くの宣教師たちは植民地支配の一翼を担います。

またイエズス会と言えば、フランシスコ・ザビエルがインドや日本などアジアでの布教活動で知られています。ザビエルの活動は、その後の日本におけるキリスト教の広がりの起点となりました。

イエズス会のヴァリリャーノやマテオ・リッチ、ザビエルらの適応主義的な布教方法は、現地の文化や習慣を尊重しながらキリスト教を広める新たなアプローチを生み出した点で重要です。中国では商（殷《いん》）以来の先祖崇拝を慣習として容認し、日本でもザビエルたちは当初、キリスト教の神のことを「大日《だいにち》」と訳していました。

大日と日本で言ったら大日如来のことですね。真言宗ではいちばん重要な仏様とされています。ですから日本に伝わってきた当初のキリスト教は「中国よりさらに西にある天竺《てんじく》から来たお坊さんが、新しい仏教を持ってきたらしい」と人々に解釈され、のちに宣教師たちも「これはまずい」と気づいて方針転換をしています。こうしたキリスト教のローカライズは、偏狭なドミニコ会などから批判されて典礼論争（キリスト教の布教において、現地の伝統文化をどこまで認めるか）を巻き起こすことになりました。

一方、対抗してプロテスタント諸国も新大陸進出に乗り出します。連合王国やネーデルラントは、北米や東南アジアに植民地を建設し、スペインやポルトガルとの競争を繰り広げました。宗教的な対立が新大陸に持ち込まれ、植民地支配にも影響を与えます。

ヨハネ・パウロ2世の特別ミサ

2000年、ローマ教皇ヨハネ・パウロ2世は特別ミサを執り行いました。

ヨハネ・パウロ2世は、1978年から2005年まで在位したローマ教会の最高指導者です。ポーランド出身で、455年ぶりの非イタリア人教皇として注目を集め、伝統的な教えを守りつつも、現代社会の課題に積極的に取り組む姿勢を示し、他宗教との対話でも画期的な取り組みを行いました。

２０００年の特別ミサはサン・ピエトロ（聖ペトロ）大聖堂で行われ、世界中から集まった数万人の信者が参列していました。このとき教皇は教会の過去の行い――とくに十字軍や異端審問、ユダヤ人迫害、植民地での先住民への暴力、女性や少数派に対する差別など、教会が関与したさまざまな不正義について言及し、公式に認め、謝罪しました。これらの行為はキリスト教の教えである愛と寛容の精神に反するものであり、教会はこれらの過ちを認め、二度とくりかえさないことを誓いました。ヨハネ・パウロ２世が推進した「新しい福音宣教」を象徴する行動でした。

この特別ミサはローマ教会の歴史において大きな転換点となったと言えます。というのも、それまでローマ教会は自らの過ちを公に認めることがほとんどなかったからです。長く「信仰および道徳に関する事柄について、ローマ教皇は無謬《むびゅう》である」――無謬、つまり間違うことがない存在だとされてきたのですから、非を認めると教義と矛盾が生じてしまう。したがって、なかなか謝ることもできなかったのでしょう。

特別ミサの背景には、20世紀後半から進んできた教会の刷新の動きがあったと考えられています。1962年から1965年にかけて開催された第2バチカン公会議では、教会の近代化や他宗教との対話の必要性が議論されました。ヨハネ・パウロ2世の特別ミサは、この公会議の精神をさらに推し進めるものだったと言えます。また、21世紀を迎えるにあたって、過去の過ちを清算し、より開かれた教会の姿勢を示すものでもありました。

現代では、歴史をちょっと勉強したら、過去のローマ教会が植民地などでしてきた非道の数々は誰でもすぐわかります。それに対して教会側が謝罪も反省の姿勢も見せずに、ずっと「ワシら間違ってへんから」とか「黙っとこ」という態度を続けていたら、世の中から信頼が得られないですよね。

2000年のヨハネ・パウロ2世の発言は教会の内外で大きな反響を呼び、多くの信者が勇気ある行動だと歓迎した一方で、教会の権威を損なうものだと批判する声もありました。

しかし特別ミサ以降も、ヨハネ・パウロ2世は和解と対話の姿勢を示します。たとえば、2001年5月にはギリシャを訪問し、1054年の東西教会の大分裂以来初めて、東方教会に対して謝罪を行いました。また同年11月には、イスラーム教の聖地であるダマスカスのウマイヤド・モスクを訪問し、キリスト教徒とイスラーム教徒の和解を呼びかけました。

ヨハネ・パウロ2世の後継教皇であるベネディクト16世（在位２００５―２０１３）やフランシスコ（２０１３―）も教会の過ちを認める姿勢を継続しています。

２０００年の特別ミサは、ローマ教会の歴史において新たな１ページを開くものとなったと言えるでしょう。

数あるキリスト教のなかの一派としてのローマ教会

現在のキリスト教はものすごく大きく分ければローマ教会、東方教会、プロテスタント諸教会の３つに分類されます。さらに、これらのなかにも多くの下位教派、あるいは派生した教派が存在しています。

ローマ教会は信者数がもっとも多く組織的にも強固ですが、キリスト教全体から見ればひとつの教派にすぎません。ローマ教会が主張する教皇の首位権、ローマ教皇の無謬性は、ほかの多くの教派には受け入れられていないのです。

世界各地にはローマ教会とは異なる伝統を持つ古い教会も存在します。たとえばエジプトのコプト教会、シリアのヤコブ派教会、アルメニア使徒教会などは、５世紀の公会議の決定に従わず、独自の教義と伝統を守り続けてきました。

近代以降にも新しいキリスト教の教派や運動が生まれています。モルモン教、エホバの証人、ペンテコステ運動などは、19世紀以降に誕生した新しいかたちのキリスト教と言えます。

ローマ教会はひとつの大きな流れですが、決してキリスト教全体を代表するものではありません。

第4章

原理主義台頭の背景にある ユースバルジとは?

原理主義が台頭する原因「ユースバルジ」

いわゆる「イスラーム原理主義」がたびたびニュースに取り上げられます。その台頭の背景のひとつには「ユースバルジ」の問題があります。ユースバルジとは、人口構成において若年層が突出して多い状態を指す言葉です。

ユースバルジは急激な人口増加によって起こります。医療の発達により乳幼児死亡率が低下し、同時に出生率が高い状態が続くと若年人口が急増するのです。これは国の活力となると同時に、深刻な社会問題を引き起こすリスクともなります。若者が成長し、労働市場に参入する時期に既存の経済システムが彼らを吸収しきれなかった場合、失業率が上昇し、多くの若者が安定した職を得られない状況に陥るからです。不満が限界値を超えれば爆発し、社会的な事件につながります。

現代の中東諸国では、このような状況が見られます。1970年代以降、多くのイスラーム圏の国々で急激な人口増加が起こりました。しかし経済発展のペースはそれに追いつかず、若者の失業率が高止まりしています。

この不満の受け皿となっているのが過激なイスラーム主義組織です。こうした組織は、往々にして現代社会の問題の原因を西洋化や世俗化に求め、イスラームの教えに立ち返ることで解決できると主張します。アル＝カーイダや自称「イスラーム国」（ＩＳ、ＩＳＩＬ）などのテロ組織は若者たちに居場所や目的を与え、積極的にリクルートしていきました。

ＩＳは２０１４年６月にイラク第二の都市モースルを占拠し、周辺の都市をも制圧下に置いて「カリフ制国家」の樹立を宣言した過激派組織です。モースルは12世紀から13世紀にトゥルクマーン（ムスリムとなったトルコ系遊牧民）が建国したザンギー朝の都として繁栄した歴史がありますが、近代に入って近郊で油田が開発され、経済的な重要性が増した都市です。カリフはイスラーム教の指導者を意味し、ＩＳはイスラーム初期の理想的な統治形態を再現することを謳っています。

ＩＳはイラクとシリアにまたがる占領地では恐怖政治を行ってパルミラの神殿など歴史的な遺産を破壊し、国際的にも大きな波紋を広げました。２０１５年１月（現地時間）には拘束した２人の日本人を殺害、11月にはパリで１３０人を殺害する大規模なテロを実行し、その後も世界各地でテロを起こしました。

ＩＳのテロは、これまでのテロとはいささか異なります。リーダー的な存在の指令を受けてテロが実行されるのではなく（たとえば２００１年９月11日に起こったアメリカの同時多発テロは、アルカーイダが命じたものでした）、彼らに共感した世界各地の不平不満分子が連帯して自発的にテロを実行するのです。指導者ひとりを叩《たた》けば済むのではないのですね。

さて、ＩＳ台頭のような現象はイスラーム圏に限ったものではありません。

たとえば義和団の乱も、若年層の不満が爆発した例と言えるでしょう。義和団は19世紀末から20世紀初頭にかけて中国で起こった民衆運動です。当時の中国は、西洋列強の進出によって政治的にも経済的にも大きな圧力にさらされていました。人口増加と経済停滞に苦しみ、若者は将来に希望を持てずにいました。この状況下で「扶清滅洋」（清《しん》朝を助け、外国人を追い払う）をスローガンに掲げた義和団が台頭します。

義和団もＩＳも、外国勢力の介入によって引き起こされた社会の混乱や不安定さへの反動として生まれた側面があります。また、両者とも伝統や過去の栄光への回帰を主張しています。義和団は清朝の権威を支持し、中国文化を守ろうとしました。ＩＳもイスラーム教初期の「正しい」（と彼らが考える）統治形態を再現しようとしています。どちらも急激な社会変化や外国文化の流入に対する不安が、過去の理想化された時代へのあこがれを生み出した結果と言えるでしょう。

神秘的な力や超自然的な現象を信じる傾向も共通しています。義和団は拳法や呪術的な儀式を行い、「刀や銃弾なんか効かへんで」と考えるひともいました。ＩＳは終末論的な世界観のもとで、自らの行動を神の意志の実現と位置づけています。

ほかにもユースバルジ現象は、歴史をかえりみれば、枚挙にいとまがありません。

たとえば、十字軍を派遣した当時の西ヨーロッパは気候の温暖化に伴い、自前の領土を持てず食い詰めた部屋住みの次男坊、三男坊があふれており、こうした人たちの出稼ぎ的な意味もありました。

１７８９年に始まったフランス革命も、若年層の不満が一因となっていました。18世紀後半のフランスでは人口増加と経済停滞が重なり、多くの若者が将来に希望を持てない状況にあったんですね。

また１９６０年代に世界中で学生運動がさかんになったのも、第二次世界大戦直後に生まれたベビーブーマーが働く年齢に達したからと見ることもできます。

義和団の乱は１９００年に結成された8カ国連合軍によって鎮圧されました。しかし軍事的な制圧だけでは問題の根本的な解決にはなりませんでした。その後の中国は、１９１１年の辛亥《しんがい》革命を経て清朝が倒れ、さらに長い混乱期を経験することになります。

ＩＳは２０１９年3月に「カリフ国」として支配していたシリアとイラクの領土のほぼ

すべてを失い、アメリカ主導の有志連合軍とクルド人主体のシリア民主軍（SDF）の軍事作戦によって最後の拠点バグズも陥落します。アブー・バクル・アル＝バグダーディー指導者は米軍の作戦で死亡し、後継者となったアブー・イブラヒム・アル＝ハシミ・アル＝クライシも2022年2月に米軍に殺されました。

領土を失ったあとISはシリアとイラクの一部地域で地下組織として活動を続けているほか、アフガニスタン、リビア、西アフリカなどに支部を設立、とくに「イスラーム国ホラサーン州」（IS-K）がアフガニスタンで活発に活動しています。物理的な占領地域は喪失しましたが、こうした過激派思想に惹かれる若者を生み出す構造自体は変わっていません。

ユースバルジ問題の解決には、経済発展と雇用創出が不可欠です。また、若者たちに希望を与え、社会や政治に建設的に参加できるチャンネルを提供することも重要だと思います。本来、イスラーム教は平和と共生を説く教えです。過激思想に対抗するには、このような穏健な解釈を持つ既存の宗教組織が、不満や不安を抱える人々を包摂する施策を打ち出していく必要もあるかもしれません。

ジハード（聖戦）の根底にある寛容と慈悲

アルカーイダやＩＳなどを論じる際、さかんに「ジハード」という言葉が用いられました。これはしばしば「聖戦」と訳され、「クルアーンか剣か」と並んでイスラーム教の暴力性を象徴するものとして誤解されがちです。

しかし本来、イスラームが説くジハードの根底には、寛容と慈悲の精神が存在します。ジハードのもともとの意味は「努力」や「奮闘」を指し、必ずしも武力による戦いを意味するものではありません。

イスラーム教では、ジハードを大ジハードと小ジハードに分けて考えます。大ジハードは自己の内なる悪と戦い、より良い人間になるための精神的な努力を指します。一方、小ジハードは外敵からイスラーム共同体を守るための戦いを意味しますが、これも単なる武力行使ではなく、正当な理由と厳格な規則のもとでのみ許されるものでした。

イスラーム教の歴史を見ると、その拡大期において寛容な姿勢が見られます。たとえば632年にムハンマドが亡くなった後、イスラーム帝国は急速に拡大しましたが、征服地の住民に対して改宗を強制することはありませんでした。とくに「啓典の民」と呼ばれるユダヤ教徒やキリスト教徒に対しては、一定の税金を納めれば信仰の自由を認めるという政策をとりました。これは当時としては非常に先進的な宗教政策です。

現実的な政治という観点から言えば、広大な地域を支配するにあたっては、いかに軍事活動による人的資源の損耗《そんもう》を避けながら統治するかが重要な問題です。戦争をしたり、治安維持のために兵隊を配置したりするのはお金もかかるし、たくさん人も使います。為政者視点から言えば、よけいな戦いなどしないで済むなら、せずに済ませたいですし、領地内の集団同士で軋轢が少ないほうが統治コストは安く済みます。

ところが11世紀から13世紀にかけて行われた十字軍の侵攻が、イスラーム世界に大きな衝撃を与えます。これに対抗するためにジハードの概念が「武力による防衛」の意味で強調されました。たとえばエジプトのアイユーブ朝のサラーフッディーンは十字軍に対抗してジハードを呼びかけ、１１８７年にエルサレムを奪回しました。

近代に入ると、西洋列強による植民地支配に直面したイスラーム世界では、ジハードの概念が反植民地闘争の文脈で用いられるようになります。19世紀のアルジェリアにおけるフランスに対する抵抗運動や、20世紀初頭のリビアにおけるイタリアに対する抵抗運動などがその例です。

現代では、一部の過激派組織がジハードの名のもとに暴力行為を正当化しようとしています。でも多くのイスラーム教学者や指導者たちは、ジハードの本質が平和と共生にあることを強調しています。２００７年に１３８人のイスラーム教指導者が署名した「私たちとあなたたちのあいだの共通の言葉（「A Common Word between Us and You」）」という文書では、キリスト教指導者たちに対して宗教間の対話と協力を呼びかけました。

イスラーム教と女性の権利の問題

誤解や偏見が多いものといえば、イスラーム教と女性の権利の問題もそうです。

イスラーム教が興った7世紀初頭当時のアラビア社会では、女性の地位は非常に低く、女児の間引きすら行われていました。このような状況のなかで、イスラーム教は女性の権利を大幅に改善する教えをもたらしたと考えられています。

クルアーンをきちんと読めば、男女平等に近い発想の内容を含んでおり、決して女性に「男につきしたがえ」と強いているわけではありません。たとえばクルアーンでは女性に相続権を認め、結婚や離婚に関する権利を与えました。これは同時代のヨーロッパでは考えられない内容です。教育を受ける権利も認められ、イスラーム初期には多くの女性学者が活躍しました。そもそもムハンマドの最初の妻ハディージャ（？―６１９）は、当時の社会で成功した実業家であり、ムハンマドの精神的支柱でもありました。

女性がヒジャブ（スカーフ）をかぶらなければいけないのは差別だとの意見もありますが、あれはもともとの習慣が発展したもので、ネクタイなどといっしょだと思います。砂漠が多く、空気が乾いている中近東地域では合理的な衣装でした。

ただしイスラーム教の歴史のなかで、女性の権利に関する解釈は時代や地域によって大きく変化していきます。とくに11世紀以降、イスラーム法学フィクフの発展とともに、女性の権利を制限する解釈が広まります。たとえば女性の証言の価値を男性の半分とする解釈や、女性の外出や教育を制限する慣習が一部の地域で定着しました。

中世のイスラーム世界では女性の社会的地位が一般的には低下しましたが、一部には女性の活躍も見られました。たとえばイスラーム神秘主義スーフィズムの初期の重要な思想家スラミー（?―１０２１）は、アッラーへの愛を情熱的に綴《つづ》った詩人ラービア・アダウィーヤなど80人以上の女性のスーフィー列伝を書いています。ほかにも12世紀のエジプトでマムルーク朝の宰相を務めたシャジャル・アッ＝ドゥッル（?―１２５７）や13世紀のデリー・スルタン朝で実権を握ったラズィーヤ（１２０５頃―１２４０）などが挙げられます。

オスマン帝国時代（１２９９―１９２２）にはハレム制度が確立され、スルタン（イスラーム世界における君主号）の母や妻たちが政治的影響力を持つようになりました。「女帝時代」と呼ばれる16世紀後半から17世紀前半には、スルタンの母親が実質的な権力を握ることもあったほどです。

19世紀に入ると西洋との接触が増え、イスラーム世界でも女性の権利に関する改革の動きが出てきます。エジプトの思想家リファーア・アル＝タフタ一ウィー（1801―1873）は女子教育の重要性を説きました。またチュニジアでは1956年に「個人身分法」が制定され、一夫多妻制の禁止や離婚の司法化など、女性の権利を大幅に拡大する改革が行われました。

なお、クルアーンにある「妻は4人まで持つことを認める」の意味は、もともとはムハンマドの生きた時代が戦乱のさなかにあり、夫が戦死して自立して生きていけない寡婦をめとり、苦労をかけないために設けられた規定と考えられています。男性側の一方的な権利ではなく、2人目、3人目の妻を迎える場合にはそれまでの妻の了承を得る必要もあります。女性に拒否権があるのです。また、夫はすべての妻を平等に愛することが求められています。現実には王族などごく一部を除けばほとんどの家庭は禁じられるまでもなく一夫一婦で生活をしています。

20世紀にはイスラーム世界の女性の権利拡大の動きはさらに加速します。トルコのムスタファ・ケマル・アタテュルク（1881―1938）は、1934年に女性参政権を認めました。エジプトでは、フェミニストのフダー・シャーラーウィー（1879―1947）が女性の権利擁護運動を展開しています。

もっとも、20世紀後半から21世紀にかけて、一部のイスラーム諸国では保守的な解釈に基づく法制度が強化されてもいます。たとえば、1979年のイラン・イスラーム革命後、イランでは女性のヒジャブ着用が義務化されました。アフガニスタンでは、1996年から2001年まで続いたターリバーン政権下で、女性の教育や就労が厳しく制限されました。また2021年からは、再びターリバーン政権が回復しています。

同時に女性の権利に関する多様な解釈と実践も見られます。インドネシアやマレーシアなど東南アジアのイスラーム諸国では比較的リベラルな解釈が主流で、女性の社会進出が進んでいます。2018年にはサウジアラビアで女性の運転が解禁されるなど、保守的とされる国々でも徐々に改革が進んでいます。

イスラーム・フェミニズムと呼ばれる思想潮流も注目されています。イスラームの教えの本質に立ち返ることで女性の権利を擁護しようとする運動です。モロッコの社会学者フアーティマ・メルニーシー（１９４０―２０１５）は、クルアーンや初期イスラーム史の再解釈を通じて、イスラームと女性の権利の両立可能性を示しました。

このように「イスラームは女性差別が激しい」という偏見だけで見るべきではないのですね。男女格差をあらわすジェンダーギャップ指数で日本は世界のなかでも下から数えたほうが圧倒的に早いことで知られていますが、東南アジアのイスラーム教国（インドネシア、マレーシア）、中東湾岸諸国（ＵＡＥ）などは日本よりも順位が上です。

商人ムハンマドがつくったゆえの合理性

イスラーム教の開祖ムハンマドは５７０年頃にアラビア半島の商業都市マッカ（メッカ）で生まれ、40歳頃まで商人として活動していました。イスラーム教は、ムハンマドが６１０年頃に神からの啓示を受けたことに始まります。彼は唯一神アッラーの教えを人々に伝え、６２２年にはマディーナ（メディナ）に移住して、そこでイスラーム共同体を形成しました。この移住は「ヒジュラ（聖遷）」と呼ばれ、イスラーム暦の元年とされています。

僕は、人間がつくったものは、総じてその人に似ると思っています。王朝や企業、宗教などは、それをつくった人間の人生から一定程度は影響を受けていると考えています。

商人としてさまざまな経験を積んだうえで40歳で天啓を受けたムハンマドの教えは、とてもわかりやすくて合理的でした。そのベースは、普通の人間がどう生きていけばその人個人と他者の幸福につながり、弱き者を助けることになるのかを、当時の社会的現実に合わせて考え尽くしたものに思えます。

「イスラーム教は砂漠で生まれた宗教だ。人を寄せつけぬ厳しさがある」などと言う日本人がいるのですが、僕にはクルアーンをろくに読まずに「不毛の砂漠」というイメージに寄りかかっているように見えます。

頭でっかちではなく実利的で、やさしい面があると思うのです。たとえばイスラーム教の「五行」と呼ばれる基本的な実践のなかには「ザカート（喜捨《きしゃ》）」があります。これは収入や財産の一部を貧しい人々に施すことを義務付けるもので、富の再分配を促すしくみとなっています。「宗教的な指導者がいる教団に寄付しなさい」ではないわけです。今でもイスラームの金融機関や企業の財務諸表にはザカートに関する情報を開示する専門の項目が設けられていることがあり、これらの資金が適切に分配され、指定された受益者に届いているかを追跡し、報告する責任があります。

ムハンマドが生きた当時の中東は、サーサーン朝ペルシャが東にあり、西にはコンスタンティノープルに都を移したローマ帝国が現在のトルコからエジプトまでを支配していました。アラビア半島は地中海東岸地域（現在のシリアやパレスチナ）を除くと、ペルシャ文明圏とローマ文明圏の双方からあまり大事にされていたとは言えません。半島の大半が砂漠だからです。とはいえ半島のアラビア海に面する現在のオマーン、イエメン地域と、紅海に面するヒジャーズ地域にはオアシスや港町が点在していました。

ただし都市国家といえるほどの規模や政治的統一性は欠いており、多くのアラブの部族が各々拠点をつくっている程度でした。彼らの生業《なりわい》は遊牧と交易です。中国をはじめとするアジアの産物がインド洋を通ってイエメンのアデンなどの港にやってきて、そこからマッカやマディーナを経由してシリアに運ばれたのです。そして帰り道には地中海の産物をインドや中国に送り出しました。

マッカの最有力部族であったクライシュ族の両親のもとでムハンマドは誕生します。彼は早くに両親を亡くし、叔父に育てられます。この頃アラブ人の宗教は昔ながらの土俗の多神教で、ユダヤ教徒やキリスト教徒の集落はわずかだったようです。

ムハンマドはそのような多神教世界で育ち、商人となって裕福な女商人ハディージャに見込まれて結婚します。15歳年上の姉さん女房でしたが、ふたりの仲はよく、二男四女と子どもにも恵まれました——ただしふたりの息子は幼くして亡くなっています。

ムハンマドはマッカ郊外の岩山、ヒラー山の洞窟にこもって瞑想《めいそう》を始めます。男児を失った彼が後継者問題のような何か個人的な悩みを抱えていたのか、社会を憂いていたのかは定かではありません。

ある日、その洞窟になぞの訪問者がありました。異様な雰囲気をただよわせた来訪者は、ムハンマドに言いました。

「誦《よ》め！」

ムハンマドは読み書きができませんでしたから「私は読むことができません」と答えます。するとなぞの存在は文字が書かれた錦の布でムハンマドの首を締め上げます（「押しつぶしてきた」とも解釈されています）。死ぬかと思ったムハンマドに対して力をゆるめたと思うと再び「誦め」と言ってきます。「何を読むんですか」と聞くとまた首を絞められます。こうしたやりとりを何度かくりかえしながら、ムハンマドは「誦め！」と迫られ続けます。

「私の心に想うことを、声を出して誦むのだ」

どうやら何か文章を読めということではなく、来訪者が想っていることをムハンマドに声を出して歌のように復唱しなさい、という意味だったようです。そうして来訪者は神の啓示を伝えてムハンマドに復唱させると、洞窟の外へ飛翔《ひしょう》して消え去った――このように伝えられています。

その来訪者は、神に仕える大天使ジブリール（ガブリエル）。聖母マリアに懐胎を告知した天使です。ジブリールは神の言葉をムハンマドに預け、人々に教えなさいと命じたのです。唯一神アッラーはムハンマドに最後の審判の日が近いと告げ、その日のために備えるように人々に伝えなさい、アッラーを信じ、教えに従って善行に励みなさいと命じたのです。

こうしてムハンマドは神の言葉（啓示）を預かり人々に伝える者、「預言者」になりました。この神の啓示の言葉こそがクルアーンであり、クルアーンを信じて帰依することを「イスラーム」といいます。イスラーム教の信者のことを「ムスリム」と呼び、アラビア語の原義は「アッラーに帰依する者」です。

ここに至ってイスラーム教が誕生しました。イスラーム教の神様はユダヤ教やキリスト教と同じ神様ですが、イスラーム教ではアッラーと呼ばれます。

なお、ジブリールがムハンマドに「誦め」と言った背景にはマッカの伝統が関係しています。マッカは交易商人たちの中継地です。町の広場にはカアバ（立方体の意味）と呼ばれる神殿があり、神殿前では商人たちが季節の平安を祈る祭礼や旅路の安全を祈る祭礼などを実施していました。そう、祭礼の中心的な行事のひとつが詩を「詠ずる」ことだったのです。

部族の代表や隊商の頭領が体験や願望、神様へのメッセージを詠《うた》って競い、もっともすぐれた詩歌は神殿に捧げられました。一種のカラオケ大会みたいなものをイメージしてもらえばいいかもしれません。より美しい歌声、人をうっとりさせる言葉での詠唱が重要だったのです。イスラーム教の聖典、クルアーンが「詠唱すべきもの」という意味なのはそういうわけです。

今でもイスラームの町では、マッカの方角を礼拝する時間を知らせるアザーン（呼びかけ）がモスクのミナレット（塔）から流れてきます。アザーンの旋律は美しく、イスラーム世界では言葉を声に出して詠うことを大切にしていることが感じられます。

話を戻します。

ムハンマドは新しい宗教の教祖となっても、普段の生活は変えませんでした。信者の第

１号は妻のハディージャです。ムハンマドの新しい教えは一神教だったために、多神教のマッカでは大きな批判を受けました。ムハンマドは故郷のマッカを離れ、ヤスリブ（のちのマディーナ）で布教を始めます。先ほども少し触れましたが、６２２年のムハンマドの移住をヒジュラと呼び、イスラーム暦ではこの年が元年です。

マディーナではムハンマドに従う人々が徐々に増えていき、やがてはイスラーム共同体が生まれ、まだまだ大きくはないですが都市国家規模となって地域を治めるようになりました。ムハンマドは宗教的な指導者にとどまらず行政の長となり、多神教を信ずる部族と戦うときには自らが将軍ともなります。ムハンマドは無学で字が読めませんでしたが、宗教家・軍人・政治家いずれの面でも超一流でした。

晩年近くにはマッカの多神教勢力に勝利を収めます。

ムハンマドはマッカを征服したとき、カアバ神殿に祀《まつ》られていた多神教の神々の像は排除しましたが、神殿自体は壊さずにイスラーム教の神殿としました。このときからカアバ神殿はムハンマドの墓所でもあるマディーナのモスクと並び、重要な巡礼の地になっていきます。

13世紀にエジプトを支配したマムルーク朝のスルタンであるバイバルスは、カアバ神殿を飾る美しい布を奉納しました（キスワ。最初にキスワを奉じたのはムハンマド）。それ以降、カアバ神殿にかける布を寄進する君主が、イスラーム世界の守護者と考えられるようになります。マムルーク朝からオスマン朝のスルタンを経て、今日ではサウジアラビアの国王がキスワを寄進しています。

ムハンマドに話を戻しますが、彼は新しい教えを定着させてアラビア半島の大統領的存在となったあとで632年に亡くなります。40歳以上も若い再婚相手のアーイシャという愛妻の部屋で、彼女に膝枕をされながら、眠るように息を引き取ったと言われています。

ムハンマドは世捨て人ではなく、普通の市民として妻に看取《みと》られて死にました。苦労は多かったものの、幸福な一生だったと言っていいでしょう。イエスやブッダとは、来歴も生涯の終え方も相当に異なります。彼の人生には、イスラーム教の現世的な特徴が反映されていると思います。

偶像崇拝の禁止とクルアーン翻訳の忌避

イスラーム教は、偶像崇拝の禁止とクルアーン翻訳の忌避というふたつの重要な特徴を持っています。これらの特徴は、イスラーム教の教えの純粋性を保ち、信仰の一体性を維持する上で重要な役割を果たしてきました。

偶像崇拝の禁止は、イスラーム教の根本的な教えのひとつです。ムハンマドは一神教の信仰を強調し、多神教の慣習を否定しました。622年にマッカからマディーナに移住したあと、630年にマッカを征服した際、カアバ神殿から偶像を一掃したことが知られています。アラビア半島に広く存在していた多神教の慣習と決別する象徴的な出来事でした。

多神教には神様がたくさんいますよね。そしてそれぞれの神様を区別して認識するには、絵姿や肖像を描くのが有効です。見た目の特徴がわからないと、なかなか区別ができません。たとえばギリシャやローマの世界も多神教ですが、威厳を感じさせるひげを生やしたゼウスであるとか、青年の姿をしたアポローンが描かれました。イスラーム教誕生以前のアラビア半島でも似たようなものでした。

しかしムハンマドはそうした営みを否定しました。神様はアッラーひとりだから、識別する必要がありません。ムハンマドの死後も大事なのは、クルアーンの言葉を声に出して詠うことでした。だから神の姿を描かないだけでなく、ムハンマドの姿が描かれた絵画もいくつか残っていたものの、顔の部分はのちに削り取られています。

このような偶像崇拝の禁止はイスラーム教の芸術にも大きな影響を与えました。人物や動物を描くことを避け、代わりに幾何学的なパターンや文字を用いた装飾が発展しました。これがイスラーム美術の特徴的な様式となり、建築や工芸品に見られる繊細で複雑なアラベスク模様として知られています。

一方、クルアーンの翻訳を信仰上禁ずることは、イスラーム教の教えを統一し、少なくともしばらくのあいだ解釈の多様化を防ぐ役割を果たしてきました。クルアーンは神がムハンマドに啓示した言葉をアラビア語で記録したものとされ、その言葉そのものが神聖視されています。そのため長いあいだ、クルアーンをアラビア語以外の言語に翻訳することは避けられてきました。

翻訳によって原文の意味が変わってしまう可能性があるためです。ニュアンスが失われたり、誤解が生じたりする可能性があると考えられてきました。

クルアーンの翻訳が許されなかったことは、アラビア語の重要性を高め、イスラーム世界における共通語としての地位を確立する要因となりました。イスラーム教が広がった地域では、礼拝や宗教的な儀式でアラビア語が使用され、学問の言語としても重要な役割を果たしました。

ただ、イスラーム教が世界中に広がるにつれ、非アラビア語圏の信者が増加し、クルアーンの内容をアラビア語以外で理解する必要性が高まっていきます。そのため現代では多くの言語にクルアーンの「意味の翻訳」が存在しています。これらは正式なクルアーンとは見なされず、原文の意味を理解するためのサブテキスト扱いにとどまります。また、さまざまな地域に広がり、時代も変わっていくなかで、根本は共有しているもののクルアーンの解釈が多様になっていくことは避けられないことでもありました。

偶像崇拝の禁止とクルアーン翻訳の忌避は、他の文化や宗教との対話や相互理解を難しくする側面もありました。たとえば8世紀から9世紀にかけて行われた大規模な翻訳運動では、ギリシャやローマの古典がアラビア語に翻訳され、イスラーム世界に多大な影響を与えました。しかし、クルアーンの翻訳が許されていなかったため、イスラーム教の教えが他の文化圏に広まるのは比較的遅くなったという、非対称性を生む一因にもなっています。

クルアーンに1冊も異本がないわけ

クルアーンはイスラーム教の聖典として知られていますが、他の多くの宗教の聖典とは異なり、1冊も異本が存在しません。

クルアーンが成立した過程を見ていくと、その独自性がわかります。ムハンマドは610年頃から神からの啓示を受け始め、これらの啓示はムハンマドの生前から信者たちによって暗記され、また一部は書き留められていました。そしてムハンマドの死後、これらの啓示をひとつの書物としてまとめる必要性が生じます。

3代目カリフ（ムハンマドの後継者）であるウスマーン（在位644―656）の時代に、クルアーンの編纂作業が行われました。ウスマーンは、信頼できる複数の人物に命じ、散在していた啓示の記録を集めてまとめさせました。このとき細心の注意が払われ、信頼性の高い記録のみが採用されました。

編纂作業が完了すると、ウスマーンは正本を元に複数の写本を作成させ、イスラーム世界の主要都市に送りました。同時にそれまで存在していた個人的な記録や断片的な写本は破棄せよと命じます。これによってクルアーンの内容が統一され、異本の発生を防ぐことができたのです。

たとえば仏教の場合、ブッダ（BC4世紀頃）の死後約400年経ってから大乗経典が作られ始め、膨大な数の経典が創作されました。キリスト教の新約聖書も、イエス・キリスト（BC4頃―AC30頃）の死後数十年から数百年かけて書かれ、多くの異なる福音書が存在したのは見てきたとおりです。

クルアーンが1冊も異本を持たないことは、イスラーム教の教えの一体性を保つ上で重要でした。イスラーム教が急速に拡大する中でも教えの核心を維持できたからです。7世紀から8世紀にかけてイスラーム帝国はアラビア半島からアフリカ北部、中央アジア、インドの一部にまで広がりましたが、どの地域でも同じクルアーンが読まれ、同じ教えが説かれました。

クルアーンの統一性はイスラーム法（シャリーア）の発展にも大きな影響を与えます。クルアーンの一貫性は法解釈の基盤の安定、社会秩序の維持にもつながったのです。

聖職者のいないイスラーム教の信仰のかたち「六信五行」

イスラーム教は、聖職者という特定の階級を持たない宗教として知られています。

イスラーム教の信仰の核心は、「六信五行」と呼ばれる基本的な信仰箇条と実践事項にあります。六信とは、アッラー（唯一神）、天使、啓典、預言者、来世、定命の6つを信じること。五行は、信仰告白、礼拝、喜捨、断食、巡礼という5つの実践を意味します。これらの信仰と実践はムスリムに共通するものであり、聖職者の存在を必要としません（ただしイスラームの教義と実践を「六信五行」に分けるのは多数派のスンナ派の考えで、シーア派は「五信十行」と異なる分け方を採用しています）。

イスラーム教の特徴的な点は、信仰と日常生活が密接に結びついていることです。たとえば1日5回の礼拝は、ムスリムの生活リズムをかたちづくり、信仰を日々の生活に根付かせる役割を果たしています。またラマダーン月の断食は、自制心を養い、貧しい人々への共感を深める機会となっています。

聖職者のいないイスラーム教の信仰形態は、個々の信者の主体性と責任を重視する一方で、共同体の重要性も強調します。この特徴は、イスラーム教が1400年以上にわたって世界各地に広がり、多様な文化や社会の中で実践されてきた理由のひとつと言えるでしょう。

……でもちょっと待って、「聖職者はいない」と言ってもイランのハメネイみたいに国の政治にまで関わっている宗教指導者がいるやないか、と思う人もいるでしょう。

「聖職者がいない」ということは、アッラーと信者のあいだに仲介者は不要である、すべての信者が「直接」アッラーに祈り、宗教的義務を果たすことができるというイスラーム教の基本的な教えに基づいています。

そうはいっても各々が勝手に拝んでいたら集団としてバラバラになってしまいますよね。でもいま言ったとおりイスラームでは「ウンマを大事にしよう」とも言っているのです。また、クルアーンができた時代と現代では社会生活の前提も違いますから、教えをどのように実践するのか、現実とどう折り合いを付けるのかという問題も生じます。そういうわけでイマーム、ウラマー、ムフティーなどの宗教指導者がいるのです。

彼らがクルアーンやハディース（預言者ムハンマドの言行録）の解釈者や教育者としての役割を果たしています。とくにイランのような特殊な例では、最高指導者が宗教的権威と政治的権力を兼ね備えており、これは「ヴェラーヤテ・ファギーフ」（イスラーム法学者による統治）という概念に基づいています。

うーん、いやいや、それはやっぱり矛盾やないんか、と感じるかもしれません。

こう考えてください。そういう指導者もべつに「神と人間のあいだの仲介者」「神の代弁者」ではない、宗教の教えを解説して適用する「助言者」、学者としての役割にすぎない、と。「聖職者がいない」という原則は、神と人間の「直接」的な関係を強調している（いわばタテの関係）、宗教指導者は解釈や実践における指導の必要性から生まれたもの（あくまで人間同士のヨコの関係、ないしはせいぜい人間社会の内部におけるタテの関係にすぎない）、ということですね。

イスラーム教には多くの宗派（コミュニティ）や解釈があり、宗教指導者の役割や重要性は地域や宗派によって異なります。とくにスンニ派とシーア派では宗教指導者の位置づけが異なり、シーア派ではより階層的な構造が見られます。

神様と信者の直接性は揺らがない。でもそのまわりにあるもろもろは、現実に合わせてなかなか複雑になっているわけです。

教義ではなく派閥で分かれるスンナ派とシーア派

イスラーム教といえばスンナ派とシーア派があることは、おそらくみなさんご存じのことでしょう。ではこのふたつの違いは何に由来するかは知っていますか。

スンナ派とシーア派は、もともとは教義の違いではなく、指導者の正統性をめぐる歴史的な派閥の対立から生まれています。ですから今もなお続くシーア派国とスンナ派国の対立を、宗教上の理由に基づく「宗派対立」なのだと言い切ってしまうのは正確ではありません（今では政治や経済上の理由も中東の国家間の対立の背景にあります）。

スンナ派とシーア派の分裂の起源は、預言者ムハンマドが632年に亡くなった直後に遡ります。

ムハンマドの死後、イスラーム共同体を統率する後継者（カリフ）の選出方法をめぐって対立が生じました。カリフは預言者の代理人を意味します。宗教的な権威は預言者ほどではありませんが、イスラーム共同体の政治的・社会的指導者のことです。カリフ制はムハンマドが死去した時に始まります。

どんな組織でもそうですが、カリスマ的なリーダーが去ったあとには統一が乱れるものです。強力な後継の指導者がいなければ、組織は空中分解してしまいます。

多数派は、ムハンマドの側近たちの合議によってカリフを選ぶべきだと主張しました。一方、少数派は血縁関係を重視し、ムハンマドのいとこで娘婿でもある（そしてムハンマドの最初の妻ハディージャに続いて2番目に回心した存在である）アリーが正統な後継者であると考えました。

結果として、アブー・バクル、ウマル、ウスマーンと、血のつながりのあるアリーではない3人が続けてカリフに選ばれました。

初代カリフのアブー・バクル、2代のウマルのふたりはムハンマドの戦友で、幸運にもムハンマドの遺志を継いだ2人のカリフは、とても優秀でした。初代カリフ、アブー・バクルの苦労は相当だったと思います。それでもムスリムが結束を維持できたのは、彼の才覚がすぐれていたからでしょう。

ムハンマドを看取ったアーイシャはアブー・バクルの娘です。アーイシャはムハンマドの死後、ムハンマドの言行を語り継いでいます。ただ、アーイシャはアリーとは仲が悪かったようです。

2代カリフ、ウマルのときは順調でした。ウマルは強い性格の持ち主で、リーダーシップも抜群にありました。ウマルは軍勢を率いてアラビア半島を出ます。636年にはヨルダン川の支流ヤルムーク河畔で「アッラーの剣」と呼ばれた名将ハーリドがローマ軍を大敗させて、豊かなシリアを奪い、エジプトのアレクサンドリアからもローマ軍を撤退させて穀倉地帯を確保、さらにエルサレムも手中に収めます。サーサーン朝最後の君主はイラン北方トルクメニスタンのメルヴ（現マル）まで逃げますが、彼の地で殺害され、651年にサーサーン朝は終焉《しゅうえん》を迎えます。

しかし3代カリフのウスマーンのときには内部分裂してしまい、ウスマーンはエジプトから来た過激分子に殺されます。当時のカリフの住居は衛兵もそれほどおらず、防御壁もない建物でした。悪意や殺意がある人物にはカリフの暗殺もたやすいものだったのです。

アブー・バクル、ウマル、ウスマーン、そして4代目のアリーの4人の治世は「正統カリフ時代」（632—661）と呼ばれ、イスラーム帝国の基礎が築かれた時期です。

3代目のウスマーンが656年に暗殺されると、カリフになりそこねていたムハンマドの血縁者アリーが4代目カリフとなります。

もともと多数派は「ムハンマドの側近たちの合議でカリフを選ぶべき」、少数派は「血縁を重視すべき」という考えでしたから、アリーの即位によって対立が解消されると思われましたが、実際にはさらなる分裂を招きます。

ウスマーンの親族であるムアーウィヤが、アリーのカリフ就任を認めず、自らがカリフの地位にあると主張したのです。この対立は武力衝突にまで発展します。

ムアーウィヤはムハンマドと同じくクライシュ族出身で有力なウマイヤ家に属し、征服地シリアの総督でダマスカスに宮殿を構えていました。名門出身の彼はカリフの地位に野望を抱いていたのです。かつ、単なる野心家というわけではなく、今後のイスラーム世界の統治方法を構想していました。それはカエサルの考えと似ています。

カエサルはイタリア半島を超えて拡大し続けるローマが、世襲貴族による寡頭政治に陥りやすい元老院のもとで共和制を続けることを危惧していました。ローマはもはや小さな都市国家ではない。軍事力を備えて官僚制を確立させなければ崩壊する。彼はそう考えます。カエサルは暗殺されたものの、その構想がローマ帝国への道を切り開きます。

ムアーウィヤも同様に「私たちの国は帝国規模に達した。帝国経営に適した政治体制と軍事体制を確立せねばならぬ。君主はもはや町の民家に住んで合議制で物事を進めるべきではない。簡単に暗殺されないよう身を固め、宮殿に住むべきだ。国家を維持するには官僚養成も必要だ」と考えたのでしょう。ちなみにムアーウィヤはのちにウマイヤ朝を開くと、コンスタンティノープルを陥落させて東ローマ帝国を征服するという野望を抱いていました（達成できませんでしたが）。

野心家で深謀遠慮に長けたムアーウィヤは、おそらくアリーにも「ダマスカスを首都にせよ。私にカリフの座を譲れ」と伝えていたのではないでしょうか。

もちろん、そう言われたアリーも3代カリフの座をウスマーンと競い合った人物です。とはいえアリーは帝国の権力、その将来を見すえる力はやや欠けていたかもしれません。

アリーはムアーウィヤの提案を受け入れませんでした。この対応を受けてムアーウィヤはアリーを見限り、叛乱《はんらん》を起こします。この戦いは、アリー側に権威はあるものの、ムア

スンナ派とシーア派に分かれるまでの流れ

ムハンマドの死後……
正統カリフ時代（632 年 − 661 年）
1 代目　アブー・バクル
2 代目　ウマル
3 代目　ウスマーン
4 代目　アリー

↓

・ウスマーンの親族であるムアーウィヤが、カリフの地位を主張
・661 年、ハワーリジュ派にアリーは殺害

↓

◎ウマイヤ朝の支配を受け入れ、ムハンマドの言行録（スンナ）を重視
↓
スンナ派

◎ウマイヤ朝の支配を認めず、アリーの子孫が正当な指導者であると主張
↓
シーア派

↓

・680 年、アリーの次男フサインが、ウマイヤ朝 2 代目カリフのヤズィード（ムアーウィヤの息子）に反旗を翻すが、カルバラーの地で惨殺される（カルバラーの悲劇）

ーウィヤは巧妙な戦術を展開、膠着《こうちゃく》状態に陥ります。アリーは「ムスリム同士で争ってもしかたない」とムアーウィヤと和議を結びます。現実主義者だったと言えます。

しかし納得がいかないアリー支持者の一部は分派をつくって去ります。これが「ハワーリジュ派」（立ち去った者たち）と呼ばれた人々です。

「正統な手続きで選ばれたカリフが叛乱者と手を握るとは、なんたる堕落か」と考えたこの一派は、アリーとムアーウィヤの2人に刺客を放ちます。

その結果、脇の甘かったアリーは661年に殺害されてしまいます。一方、軍に守られていたムアーウィヤは生き残りました。

このあとアリーの長男ハサンに正統カリフとなる資格が受け継がれます。しかし彼はウンマの分裂を避けるためにムアーウィヤと交渉し、ムアーウィヤから提示された多額の年金や家族の安全、そしてムアーウィヤの死後にカリフの位をハサンかその弟フサインに返還するという条件と引き換えに、カリフ位を辞退します。

こうしてムアーウィヤが新たにカリフとなり（在位661―680）、ダマスカスに遷都します。ムアーウィヤは実権を掌握すると、世襲のウマイヤ朝（661―750）を開きました。

一方、アリーの支持者たちは、ムアーウィヤの支配を認めず、アリーの子孫こそが正統な指導者（イマーム）であると主張し続けました。彼らは「シーア・アリー（アリーの党派）」と呼ばれ、のちにシーア派として知られるようになります。

シーア派の伝承ではアリーは存命中のムハンマドの傍らに常におり、超人的な存在として描かれています。後継者として指名されていたにもかかわらず、初代カリフを決める合議に立ち会うことなくアブー・バクルに決められてしまったが、ウンマの分裂を避けるために譲ったのだとされています。

シーア派のなかでもとくに重要な出来事となったのが、680年に起きた「カルバラーの悲劇」です。

アリーの次男フサインが、ウマイヤ朝2代目カリフのヤズィードに反旗を翻したのです。フサインは、ヤズィードの父ムアーウィヤにカリフを譲った兄のハサンのようなやさしい性格ではなく、ムアーウィヤに怒りをおぼえていました。でも長兄がカリフの地位を譲ってしまったので、自分ではどうにもできません。それでしぶしぶマディーナで暮らしていたのです。

しかしムアーウィヤが死去し、その息子ヤズィードがカリフを継いだ頃に、メソポタミア中心部にある都市クーファからフサインのもとへ使いが来ます。クーファは正統カリフ2代ウマルがメソポタミア支配のために建設したミスル（軍営都市）であり、アリーがムアーウィヤと激しく争った土地でもありました。

クーファからの使者はフサインに「われわれはフサイン様の父上アリー様を尊敬しておりました。高貴な血筋につながるフサイン様、ムハンマド様の本当の教えや言行についてご教示ください」と告げます。ようするに「カリフになってくれ」というお誘いです。これを受諾してフサインは妻子も含め一族全員で旅立ちます。

ところがこの動きを把握したヤズィードは、古都バビロンの西方カルバラーの地で待ち伏せます。そして20名の女性と子どもを除き、フサイン一行を惨殺するのです。この事件はシーア派の殉教の象徴となり、今日でも「アーシューラーの日」として追悼の儀式が行われています。

さて一方でムアーウィヤが661年に開いたウマイヤ朝の支配を受け入れた人々は、預言者ムハンマドの言行録（スンナ）を重視する立場から、スンナ派と呼ばれるようになります(「スンナ」は名詞、「スンニ」は形容詞です。日本語表記として「スンナ派」「スンニ派」どちらでも間違いとは言えません)。スンナはクルアーンと並んでイスラーム法の重要な源泉となっています。

スンナ派は血統よりも能力や資質を重視する傾向があります。これは、初代カリフのアブー・バクルがムハンマドの血縁者ではなかったことに由来します。スンナ派はムハンマドの血縁にこだわらず、イスラーム共同体の指導者としてふさわしい人物を選ぶべきだと考えているのですね。

またスンナ派の思想的特徴として、「中庸《ちゅうよう》」を重視する傾向があります。極端な解釈や行動を避け、バランスの取れた信仰生活を送ることを奨励しています。

そんなスンナ派はウマイヤ朝、それに続くアッバース朝(750―1258)など、歴代のイスラーム王朝を正統な政権として認めてきました。

現代のスンナ派は、世界のイスラーム教徒の85~90%を占めており(現代の世界の各宗派のなかではいちばん数が多い。その次に多いのはローマ教会)、中東、北アフリカ、東南アジアなど、広範囲に分布しています。しかし同じスンナ派のなかでも、解釈の違いによってさまざまな学派や運動が存在します。たとえばワッハーブ派やサラフィー主義など、より厳格な解釈を主張する運動もあります。

21世紀に入り、一部のスンナ派過激派組織による暴力行為が国際的な問題となっています。たとえば「イスラーム国」を名乗る組織はスンナ派の教えを極端に解釈し、暴力的な行動を正当化しています。しかしこれはスンナ派の主流の考え方ではありません。多くのスンナ派の指導者や信者たちは彼らのような解釈や行動を否定しています。

現代でもスンナ派が多数を占めるサウジアラビアとシーア派のイランの対立は中東地域の政治情勢に大きな影響を与え、スンナ派とシーア派の関係は、非イスラーム諸国の思惑も交錯し複雑化していると言えます。

とはいえ「対立」だけを過度に強調するのは適切ではないでしょう。両派とも同じクルアーンを聖典とし、イスラーム教の基本的な教義を共有しています。歴史的に見ても、両派の信者が平和に共存してきた時代や地域も多くあるからです。

急速に拡大したイスラーム帝国

さて、イスラーム教の開祖ムハンマドが632年に亡くなったあとの、イスラーム帝国の拡大について整理しておきましょう。

ムハンマドの没後、イスラーム教徒たちはおどろくべき速さで周辺地域へ進出していきました。とくに正統カリフ時代の第２代カリフであるウマルの時代に、イスラーム軍は大きな成功を収めます。

この急拡大の背景として、当時の国際情勢が挙げられます。イスラーム軍が北上し始めた7世紀前半、中東地域の二大勢力であったサーサーン朝ペルシャとローマ帝国は、長年の戦争で互いに疲弊していました。この両国の戦いは、相撲でたとえるなら横綱同士の激しい取り組みのようなものでした。そのため、新興勢力であるイスラーム軍が登場したとき、どちらも効果的な抵抗を示すことができなかったのです。

イスラーム軍の拡大を支えたもうひとつの重要な要因は、その寛容な統治方針でした。イスラーム軍は征服地の人々に対し、「降伏して税金を納めれば、これまでの生活や信仰を保証する」という政策を取ります。この政策は、被征服地の人々の抵抗を減らし、スムーズな支配を可能にしました。たとえばユダヤ教徒やキリスト教徒に対しても、一定の税金を納めれば信仰の自由を認めました。

イスラーム教徒の商人たちは、帝国の拡大とともに活動範囲を広げ、インド洋からアフリカ、地中海に至る広大な地域で商業活動を展開し、交易ネットワークを築きました。これにより、イスラーム世界は経済的にも繁栄を享受することができました。

ウマイヤ朝の時代には、その領土は、東は現在のパキスタン付近から、西はイベリア半島（現在のスペインとポルトガル）にまで及びました。711年には、イスラーム軍がジブラルタル海峡を渡ってイベリア半島に上陸し、西ゴート王国を滅ぼしました。これにより、イスラーム文化が西ヨーロッパにも及ぶことになります。

しかし8世紀半ばになると、イスラーム帝国の拡大にも限界が見え始めます。751年の「タラス河畔の戦い」で唐と衝突し、これ以上の東進が困難になります。また、732年のトゥール・ポワティエ間の戦いでフランク王国に敗れ、西ヨーロッパへの進出も阻止されました。

9世紀以降、アッバース朝の実権は次第に失われていきます。各地に独立的な王朝が成立し、イスラーム世界は政治的に分裂していきました。それでもイスラーム文明としての一体性は保たれ、科学、哲学、文学などの分野で多くの成果を生み出し続けます。たとえば宗教面ではイスラーム教が世界三大宗教のひとつとして確立しましたし、思想面ではギリシャ哲学とイスラーム思想の融合が進み、イブン・スィーナー（アヴィケンナ、980―1037）やイブン・ルシュド（アヴェロエス）といった大思想家を生み出しています。

地中海を征服し成立した一神教革命

イスラーム教はアラブの多神教を否定しました。

イスラーム教が北アフリカの沿岸地帯を制圧して地中海の南半分で多神教や偶像崇拝が否定されたとき、北半分はどうなっていたか。

ローマ帝国が宗教（多神教）に寛容だった頃にはギリシャやローマの神々は絵や彫刻で表現されていて、人々はそこから神々のイメージを認識していました。

でもテオドシウス１世によるキリスト教の国教化（３９２年）、古代オリンピックの廃止、ユスティニアヌス１世によるアテネにあった総合大学アカデメイアの閉鎖（５２９年）などが続きました。ギリシャ・ローマの多神教は認められなくなり、そうした神話を含んだ数多くの古典も「異教」のものとして排除されていきます。

さらにローマ皇帝レオーン３世（在位７１７—７４１）はイコノクラスム（聖像破壊運動）を行い、教会からイコン（神の絵姿）や像を取り払っていきました。

地中海世界では南半分はイスラーム教によって、北半分はキリスト教によって、多神教の神々が追いやられた。これを一神教革命と呼びます。

もっとも、完全に多神教の神々が殺されてしまったわけではありません。アポローンやアプロディーテー（ヴィーナス）はルネサンスまで長い眠りに入っただけです。ユスティニアヌス1世がアカデメイアを閉鎖した際には、アカデメイアの学者たちがギリシャ・ローマの古典を携えてサーサーン朝に亡命しました。イスラーム帝国は多神教を否定し、神の図像化も認めなかったわけですが、西方からもたらされた書物は捨てませんでした。保存し、取り込んだ。それが大翻訳運動です。

体系的なイスラーム神学

大翻訳運動は、8世紀から10世紀にかけて行われた、イスラーム世界における知的革命とも言える出来事です。8世紀に中国から「紙」が入ってきたことも重要な機能を果たしました。この運動は古代ギリシャやペルシャ、インドなどの古典的な学問をアラビア語に翻訳し、それらの知識をイスラーム文化に取り入れる過程を指しています。

アッバース朝はウマイヤ朝を打倒して成立した王朝で、その首都をバグダードに新設しました。バグダードは東西交易の要衝として栄え、文化が交わる国際都市となります。

アッバース朝のカリフたちは学問を奨励し、大翻訳運動を支援しました。第7代カリフのアル＝マームーン（在位813—833）はバグダードの「知恵の館」（バイト・アル＝ヒクマ）を大幅に拡充し、翻訳事業の中心地とします。この施設には図書館や翻訳局が併設され、多くの学者たちが集まりました。

翻訳の対象となったのは、主にギリシャ語で書かれた哲学、医学、自然科学の書物です。プラトンやアリストテレスの哲学書、ガレノスやヒポクラテスの医学書、エウクレイデスの幾何学書などが、アラビア語に翻訳されました。また、ペルシャやインドの学問も取り入れられ、天文学や数学の分野ではインドの知識が大きな影響を与えました。

この翻訳運動は、イスラーム神学の発展にも貢献します。ギリシャ哲学の論理的思考や概念を用いてイスラームの教義を体系化し、理論的に説明することが可能になったのです。たとえばムウタズィラ学派やアシュアリー学派、マートゥリーディー学派などがギリシャ哲学の影響を受けて理性的な神学解釈を展開しました。

またこの運動は、イスラーム法学の発展にも寄与しました。ギリシャの論理学を応用することでコーランやハディースの解釈方法が精緻化され、体系的な法体系が構築されていきました。

さらにはイスラーム哲学（ファルサファ）の誕生をもたらしてもいます。アル＝キンディイ（801頃―873頃）、アル＝ファーラービー（872頃―950）、イブン・スィーナーなどの哲学者たちは、ギリシャ哲学とイスラームの教えを融合させ、独自の思想体系を築き上げました。

おどろくべき知の蓄積、いや、知の爆発と言ったほうがいいでしょうか。

大翻訳運動は書物の生産と流通を活発化させ、写本業や製紙業が発達し、新たな産業として栄えることにもつながりました。また、学問の中心地となったバグダードには多くの学者や学生が集まり、都市の経済発展にも寄与します。

大翻訳運動の影響は、のちのヨーロッパにも及びました。十字軍がぞろぞろとイスラーム世界にやってきた12世紀から13世紀にかけて、アラビア語で翻訳・研究されたギリシャの古典をヨーロッパに持ち帰っていきました。それらがラテン語に翻訳され、広がっていくのです。これがルネサンス（14―16世紀）や科学革命（16―17世紀）の基盤となる知識をもたらしたのです。

哲学者でもあったイブン・スィーナーの医学書「カノン（『医学典範』）」は12世紀から17世紀にかけてヨーロッパの医学教育の基本テキストとして使用され、その影響は18世紀初頭まで続きました。また、インド数字をイスラーム世界に導入したアル＝フワーリズミー（780頃―850頃）の数学書がラテン語に翻訳され、いわゆる「アラビア数字」や代数学の概念がヨーロッパに伝わっていきます。

大翻訳運動はイスラーム世界に古代の叡智《えいち》をもたらし、それを独自に発展させる契機となり、イスラーム文明は中世において世界最高水準の学問的・文化的達成を遂げました。東西文明の架け橋として機能し、人類の知的遺産を保存・発展させる上で重要な役割を果たした点も見逃せません。

十二イマーム派を信仰するイランの独特な政体

2023年10月に勃発したパレスチナとイスラエルの戦争のなかで、イランとイスラエルの緊張状態は続いています。

イランはイスラーム教シーア派のなかでも十二イマーム派を国教とする、独特な政体を持つ国家です。この政体の成り立ちと特徴を理解するには、イスラーム教の歴史と十二イマーム派の教義を知る必要があります。

シーア派ではムハンマドのいとこで娘婿でもあるアリーとその子孫たちを「イマーム」と呼び、神からの導きを受けた無謬の指導者、ムハンマドに並ぶ存在として崇拝しています。

さまざまな派閥に分かれたシーア派のなかでも現在最大の勢力を持つのが十二イマーム派です。十二イマーム派は、アリーから始まる12人のイマームを認める宗派です。シーア派の伝承によれば、4代から11代までのすべてのイマームがウマイヤ朝やアッバース朝（つまりスンナ派）のカリフによって毒殺され、殉教を遂げていると考えられています。

第11代イマームのハサン・アスカリーは27歳で毒殺され、彼は自らに世継ぎがいるかを明かしていなかったと言われています。その葬儀中にひとりの少年が現れ、私がハサンの息子であり次のイマームだと語ります。しかし彼はすぐに姿を消します。12代目のイマームは「隠れた」だけであり、永遠の命を維持する存在として、世界の終末において終末の日に再臨する、そして不義の者たちに罰を下し、ウンマを再建するのだと、十二イマーム派は信じています。

現代のイランは、最高指導者が「隠れたイマーム」（隠れイマーム）の代理人として統治を行っています。

イランで十二イマーム派が国教となったのは、１５０１年にサファヴィー朝を開いたイスマーイール1世の時代です。それ以来、イランはシーア派の大国として独自の道を歩んできました。ただし現在のイランの政治体制が確立されたのは比較的最近のことです。

歴史的には十二イマーム派は長いあいだ少数派として迫害を受けてきました。しかし十二イマーム派の影響はイランだけでなく、イラクやレバノン、バーレーンなど中東の多くの国々に広がっています。とくにイラクでは人口の過半数がシーア派であり、その多くが十二イマーム派を信仰しています。

1979年のイラン革命では、ムハンマド・レザー・パーレビー国王(在位1941―1979)が打倒され、アーヤトッラー・ホメイニ師が指導者となって十二イマーム派の思想に基づく国家がつくられました。ホメイニ師は「ヴェラーヤテ・ファギーフ」という概念を提唱し、これがイランの新しい政治体制の基礎となります。

この体制ではイスラームの最高指導者が国家の最高権力者となります。最高指導者は隠れイマームが再臨するまでのあいだ、その代理人として国を統治する役割を担います。宗教的権威と政治的権力が一体となった独特の制度といえます。

イランの政治制度は、一見すると民主主義的な要素も持っています。大統領や議会議員は国民の直接選挙で選ばれます。しかし最高指導者は選挙で選ばれるわけではなく、専門家会議という宗教指導者たちの集まりによって選出されます。また、最高指導者は大統領や議会の決定を覆す権限を持っています。

現在の最高指導者は、アーヤトッラー・アリー・ハメネイ師で、1989年からその地位にあります。彼は軍や司法、メディアなど国家の重要な機関を直接管理し、イランの内政と外交の方針を決定する最終的な権限を持っています。イスラーム法が国家の法体系の基礎となっており、宗教指導者たちが政治に大きな影響力を持っています。

イランは石油や天然ガスなどの天然資源に恵まれていますが、欧米諸国との関係悪化による経済制裁の影響で、経済的な困難に直面してきました。とくに核開発問題をめぐって、2006年以降、国連安全保障理事会による制裁が科されています。2015年7月にイランと主要6カ国（アメリカ、連合王国、フランス、ロシア、中国、ドイツ）との間で核開発問題に関する合意が成立し、制裁解除への道が開かれました。これによってイラン経済の回復が期待されています。

イラン革命以前はパフラヴィー朝による世俗的な王政でしたが、革命以後、イスラーム法学者たちの政治的な力が強まる一方で、民衆からの評価は必ずしも高くないようです。経済はボロボロ、宗教規範に基づく日常生活の締め付けは革命以前よりもはるかに厳しいとなれば、当然ともいえます。

イランでは革命後にイスラーム法に基づいて飲酒が禁止されましたが、実際には密造酒が広く流通していて、ムスリムのあいだでも飲酒は珍しくありません。若宮總《さとし》さんの『イランの地下世界』（角川新書）によれば、宗教と政治が一体になっているがゆえに政治への不満が宗教批判にも結びつきやすく、支配層と一般市民とのあいだでイスラーム教への態度に大きなズレが生まれていると言います。

「古代ペルシャ帝国の栄光よ、もう一度」「ハメネイが居座る体制が続くくらいなら王政に戻ってほしい」と思っている市民も少なくありません。

冷戦後もアメリカ・西欧・ロシアの思惑に乱される中東

冷戦後も中東地域はアメリカや西欧諸国、そしてロシアの思惑によって複雑に揺れ動いています。この地域は豊富な石油資源や地政学的な重要性から、世界の大国にとって常に関心の的となってきました。１９９１年のソビエト連邦崩壊後、中東における勢力図は大きく変化しましたが、依然として外部勢力の影響を強く受けています。

冷戦終結直後、アメリカは中東における唯一の超大国として台頭しました。１９９０年から１９９１年にかけて起こった湾岸戦争は、この新たな世界秩序を象徴する出来事でした。イラクのサダム・フセイン政権（１９７９―２００３）がクウェートに侵攻したことを受け、アメリカを中心とする多国籍軍がイラクを撃退しました。この戦争はアメリカの軍事力の優位性を世界に示すとともに、中東における西側諸国の影響力を強化しました。

しかし2001年9月11日に発生したアメリカ同時多発テロ事件が中東情勢に転換をもたらします。アメリカのジョージ・W・ブッシュ政権（2001―2009）はアルカーイダがテロを主導したとして「テロとの戦争」を宣言し、2001年にはアフガニスタンのターリバーン政権に攻め込んで打倒、ハーミド・カルザイを首班とする暫定政権を樹立しました（2004年にカルザイは大統領になります）。9・11の首謀者と見られるビン・ラーディンは2011年5月、米軍によって潜伏先のパキスタンで殺害されました。

また、2003年には「大量破壊兵器の保有」を理由にイラク戦争を開始してサダム・フセイン政権を崩壊させて占領しました。2004年には、反フセインであったシーア派主体の暫定政権を立ち上げますが、スンナ派が反発してイラクは内戦状態に陥ります。イラク戦争にフランスは強く反対していましたが、結局、大量破壊兵器は見つかりませんでした。そしてイラクが安定するかどうかという矢先に、この章の冒頭で述べたISが2006年から活動を開始します。

2013年にはテロによって1万6000人を超える市民が犠牲になりましたが、その

80％は上位5カ国に集中しています。イラク、アフガニスタン、パキスタン、ナイジェリア（ボコ・ハラムと呼ばれるテロ集団が暗躍）、シリアです。ナイジェリア以外はみな、アメリカがアフガニスタンやイラクの政権を力ずくで倒したことが原因で政情が不安定となりました。

アメリカ以外はどうでしょうか。西欧諸国、とくに連合王国とフランスは、歴史的に中東地域と深い関わりを持ってきました。両国は第一次世界大戦後のサイクス・ピコ協定によって中東地域を分割支配した経緯があり、現在でもこの地域に影響力を保持していります。２０１１年に始まった「アラブの春」と呼ばれる民主化運動の際には、フランスと連合王国がリビアへの軍事介入を主導し、ムアンマル・カダフィ政権（１９６９―２０１１）の打倒に関与しました。

ロシアも中東地域への関与を強めています。とくに２０１１年から続いていたシリア内戦においては、バッシャール・アル＝アサド政権（２０００―２０２４）を支援し、２０１５年からは直接的な軍事介入を行っています。これは冷戦時代からのシリアとの同盟関係を維持するとともに、中東における影響力を回復させる狙いがあります（アサド政権は２０２４年12月に崩壊しました）。

これらの大国の介入が、中東地域の宗教的・民族的対立をさらに複雑化させています。中東の石油資源をめぐる争いという観点も重要でしょう。アメリカのシェール革命によって、世界のエネルギー市場は大きく変化しましたが、中東の石油は依然として世界経済に影響を与えています。とくに中国やインドなどの新興国にとっては中東からのエネルギー供給は不可欠であり、これらの国々も中東への関与を強めています。

冷戦後の中東はアメリカ、西欧、ロシアといった域外大国の思惑に翻弄されながら、複雑な情勢のなかで揺れ動いています。

アジアに多くのイスラーム教徒がいる理由

イスラーム教といえば中東のイメージが強いかもしれませんが、世界最大のムスリム人口の国がどこかご存じですか。

インドネシアです。人口約2億7000万人のうち87%がムスリム、ほとんどがスンナ派です。

イスラーム教徒を人口別に見ると1億人以上なのはインドネシア、インド、パキスタン、バングラデシュの4カ国です。このようにアジアにも多くのイスラーム教徒が生活しています。7世紀にアラビア半島で誕生したイスラーム教は、現在ではインドネシア以外にもマレーシア、バングラデシュ、パキスタンなど、アジアの多くの国々で主要な宗教となっています。

イスラーム教のアジアへの拡大は、おもに3つの経路を通じて行われました。

ひとつ目は、アラブ商人たちによる海上貿易路を通じた伝播です。7世紀から8世紀にかけて、アラブの商人たちはインド洋を渡り、インド、東南アジア、そして中国にまで交易網を広げました。

彼らは商品だけでなく自分たちの信仰であるイスラーム教も持ち込みました。とくにインドネシアやマレーシアなどの東南アジア島嶼《とうしょ》部では、この海上ルートを通じてイスラーム教が広まりました。8世紀初頭にはムスリムがスィンド地方を支配下におさめ、アラビア半島からインド西岸、ベンガル湾、東南アジア、中国南部をつなぐ交易網の一部として栄えました。

ふたつ目の経路は、中央アジアを通る陸上のシルクロードです。8世紀から9世紀にかけてアラブ・イスラーム帝国の東方への拡大に伴い、中央アジアの諸都市がイスラーム化していきました。サマルカンドやブハラといった都市はイスラーム文化の中心地となり、そこからさらに東へとイスラーム教が広がっていきました。この過程で、現在のウズベキスタンやカザフスタン、中国の新疆《しんきょう》ウイグル自治区などの地域にイスラーム教が定着します。

3つ目の経路は、インド亜大陸を通るものです。8世紀にアラブ軍がインド北西部に侵攻して以来、イスラーム教はインド亜大陸に徐々に浸透していきました。11世紀には中央アジア、イラン方面からアフガニスタンの山岳部を抜けて南アジアに到達するルートを通じたムスリムの進出が本格化します。13世紀から16世紀にかけてのデリー・スルタン朝（デリー・サルタナト）時代、そして16世紀から19世紀のムガル帝国時代に、イスラーム教は政治権力と結びつきながら広がっていきます。この過程で、現在のパキスタン、バングラデシュ、そしてインド北部の多くの地域でイスラーム教が主要な宗教となりました。

イスラーム教がアジアで広く受け入れられたのはなぜでしょうか。

イスラーム教徒の商人たちはイスラーム法に基づく公正な取引を行うことで信頼を獲得し、広範な交易ネットワークを築きましたが、これによってイスラーム教は経済的繁栄と結びつけられ、多くの人々にとって魅力的なものとなりました。ひらたく言えば「アラブから来た商人たち、えらく稼いでいて、かっこええやんか」と見えたわけです。

自分たちよりも進んでいるように感じられる人たちに対して「僕も同じ神様を信じます」と言ったら仲間と認めてくれそうだとなったら、どうなるでしょうか。東南アジアの港市では、イスラーム教に改宗することで国際的な交易網に参加できるという利点があったわけです。しかもイスラーム教では「アッラーが唯一の神であり、ムハンマドは神の使徒である」――このふたつを信じればムスリムになれます。改宗が簡単だったんですね。

イスラーム教もまた、既存の現地文化や慣習と融合しながら広がっていきました。たとえばインドネシアではイスラーム教がジャワの伝統的な神秘主義と結びつき、独特のイスラーム文化を形成しました。これにはスーフィズムと呼ばれるイスラーム神秘主義の影響も大きく、スーフィー教団は地域の伝統的な信仰体系とイスラーム教の教えを調和させる役割を果たし、民衆レベルでイスラーム教の浸透に貢献しました。

政治的な要因も無視できません。イスラーム教国の支配者たちは、自らの権力基盤を強化するためにイスラーム教の布教を奨励しました。インドのムガル帝国ではイスラーム教が国家の公式宗教となり、宮廷や行政機構を通じてイスラーム文化が広められました。同様に東南アジアの多くのスルタン国でも、支配者の改宗に伴って臣民のイスラーム化が進みました。

19世紀から20世紀にかけての植民地時代には、イスラーム教はしばしば反植民地主義運動と結びつきました。ネーデルラント領東インド（現在のインドネシア）や連合王国領インドでは、イスラーム教が民族的アイデンティティや独立運動の精神的支柱となりました。これによってイスラーム教は単なる宗教を超えて、政治的・文化的なアイデンティティの象徴としての役割も担うようになりました。

現代アジアのイスラーム教は多様性に富んでいます。たとえばインドネシアやマレーシアでは比較的穏健なイスラーム解釈が主流である一方、パキスタンやアフガニスタンでは、より保守的な解釈が強いイスラーム教が影響力を持っています。

第5章

ヒンドゥー・ナショナリズムとムスリムの緊張関係とは?

ヒンドゥー教徒とムスリムの対立

近年ではインドのナレンドラ・モディ首相（2014―）率いるインド人民党（BJP）が、ヒンドゥー・ナショナリズムを掲げて政権を運営しています。インドの人口の8割、約10億人がヒンドゥー教徒と言われていますが、2019年にはイスラーム教徒を排除するような内容を含む市民権法改正案が可決され、国内外で大きな議論を呼びました。

こうしたヒンドゥー教徒とムスリムの対立は、必ずしも最近始まったものではありません。インド亜大陸の歴史において長く続く複雑な問題です。

BC500年頃、インドではヴェーダの伝統を基にしたバラモン教が主流でした。ヴェーダはBC16世紀からBC5世紀頃までの約1000年間にわたってつくり続けられた、アーリア人の神話や祭式のやりかたなどを記した神聖な書です。

あとでくわしく紹介しますが、バラモン教は社会を4つの階層（ヴァルナ）に分けるカースト制度を持ち、バラモン（司祭者階級）が最上位に位置していました。

しかしバラモンではなくクシャトリア（支配者階級）出身のブッダ（BC463頃―BC383頃）やマハーヴィーラといった新しい思想家が登場し、既存の宗教観に疑問を投げかけます。

ブッダが創始した仏教はカースト制度や複雑な儀式を否定し、個人の修行と悟りを重視しました。この教えはとくに都市部の商人層に支持され、急速に広まります。一方、バラモン教は農村部に追いやられましたが、そこで土着の信仰と融合し、より大衆的なヒンドゥー教へと発展していきます。

そして7世紀以降、イスラーム教がインドに伝来し始めます。海岸部では交易を通じて伝搬していきました。

8世紀にはウマイヤ朝の将軍ムハンマド・ビン・カーシムがインダス川流域（現在のパキスタン南部）、シンド地方を征服し、その後、11世紀から13世紀にかけて、現在のアフガニスタンを拠点としたガズニ朝やゴール朝がインド北部に侵攻し、デリー・スルタン朝（1206―1526）を樹立します。

これらのイスラーム王朝の支配者たちは、時期や為政者によって対異教徒政策が大きく異なりました。在地のヒンドゥー勢力などと協力関係を築き、寛容に共存していたときもあれば、地域の安定的な支配や経済的な動機（略奪）のために厳しく振る舞うこともありました。

たとえばガズニ朝のマフムード（在位998―1030）は、ヒンドゥー教の聖地であるソームナート寺院を破壊し、多くの寺院や仏教寺院を略奪しました。こうした行為がヒンドゥー教徒とムスリムのあいだに溝を作り出すことになりました。

13世紀初頭にはデリー・スルタン朝の最初の支配者クトゥブッディーン・アイバク（在位1206—1210）の軍隊が、インド仏教の最後の拠点であったナーランダ大学とヴィクラマシーラ大学を破壊します（あとで言いますが、インドや中国では仏教寺院は金持ちをパトロンにしてお金を貯め込んでいたので時の権力者に狙われたという面もあります）。これによってインドにおける仏教は事実上消滅し、ヒンドゥー教とイスラーム教の二大勢力が残ることになります。

さらに16世紀には、中央アジアから侵入したムガル帝国（1526—1858）がインド亜大陸の大部分を支配下に置きます。ムガル帝国の皇帝たちのなかにもアクバル大帝（在位1556—1605）のように宗教的寛容政策を取る者もいれば、アウラングゼーブ（在位1658—1707）のように厳格なイスラーム重視の政策を取る者もいました。

18世紀後半からは連合王国の東インド会社がインドの実質的な支配者となり、1858年には直接統治が始まります。連合王国は「分割統治」政策を採用し、ヒンドゥー教徒とムスリムの対立を利用して支配を強化しました。これによって両者の対立はさらに深刻化していくのです。つまり今につながる対立も、自然発生したというより、この時期に仕向けられた部分が残っているのですね。

20世紀に入るとインド独立運動が本格化します。ところがヒンドゥー教徒とムスリムの対立は解消されませんでした。むしろ独立運動が高まるなかで両宗教の対立が顕在化していったと言えます。

１９４７年のインド・パキスタン分離独立時には大規模な宗教対立が発生し、数百万人の難民と１００万人以上の死者を出す惨事となりました。独立後もヒンドゥー教徒の多いインドとムスリムが大半を占めるパキスタンのあいだでは、カシミール地方の帰属をめぐって紛争が続いています。

それだけではありません。

独立直後のインドは世俗主義を掲げ、すべての宗教に平等な地位を与える政策を取りました。しかし１９８０年代以降、ヒンドゥー・ナショナリズムの台頭が目立つようになります。ヒンドゥー・ナショナリズムとは、インドをヒンドゥー教の国家として位置づけ、他の宗教、とくにイスラーム教を外来のものとして排除しようとする思想です。

この動きを主導したのがインド人民党や民族義勇団（ＲＳＳ）です。彼らはヒンドゥー教の価値観を国家の基本に据えるべきだと主張し、ムスリムを「外国人の子孫」として批判しました。インド国内でもヒンドゥー教徒とムスリムの対立は続き、1992年のバーブル・モスク破壊事件や2002年に多くのムスリムが殺害されたグジャラート暴動など、宗教間の暴力事件が時折発生しています。

2014年にBJPのナレンドラ・モディが首相に就任して以降、ヒンドゥー・ナショナリズムの影響力はさらに強まっています（なお、2002年当時、グジャラート州首相だったモディは、この暴動を止められなかったとして批判を受けています）。

モディ政権下ではムスリムに対する差別的な政策や法律が次々と打ち出され、インド社会の分断を深めています。ムスリムコミュニティは「自分たちが二級市民として扱われている」と感じ、不安と怒りを募らせています。ムスリムは一般的に、教育や就職の機会において不利な立場に置かれ、貧困率もヒンドゥー教徒に比べて高くなっています。一方でヒンドゥー・ナショナリストたちは、インドの「本来の姿」を取り戻すためだとして、こうした政策を支持していると言われています。

国連人権高等弁務官事務所はインドにおけるムスリムへの差別や暴力にくりかえし懸念を表明していますが、モディ政権が態度を改める気配は見られません。

日本のメディアではモディ政権が自称する「世界最大の民主主義国家」なる標語を真に受けてポジティブに報道することが多いのですが、このような宗教差別の実態にも目を向けるべきです。

人口増加や経済発展が注目され、日本企業の進出も相次ぐインドですが、彼の地における宗教の歴史の基本は知っておきたいところです。

アーリア人のインド定住とバラモン教

そもそものところから始めましょう。

アーリア人のインド定住とバラモン教の発展が、インド亜大陸の歴史と文化に深い影響を与えた重要な出来事だと言えます。このプロセスはＢＣ１５００年頃から始まったと考えられています。

アーリア人は中央アジアの草原地帯を起源とするとみられる遊牧民族で、すぐれた馬術と青銅器の技術を持っていました。彼らはＢＣ１５００年頃からインド北西部に侵入し始め、徐々に東へと移動していきました。この移動は一度きりの大規模な侵攻ではなく、約３００年という長期間にわたって進行した、ゆるやかな定住過程だったと考えられています。

アーリア人がインドに持ち込んだもののひとつが、ヴェーダと呼ばれる聖典群です。ヴェーダは、リグ・ヴェーダ、サーマ・ヴェーダ、ヤジュル・ヴェーダ、アタルヴァ・ヴェーダの4つから成り、アーリア人の宗教観や世界観を反映しています。

とくにリグ・ヴェーダは最古のものとされ、BC1200年頃までには成立していたと考えられています。日本でもマンガやゲームの題材として取り上げられることがありますから、名前くらいは聞いたことがある人もいるかもしれません。

ヴェーダの内容は、自然神への讃歌や祭式の方法、哲学的思索などから成り立っています。アーリア人は自然神的な多神教を信仰しており、インドラ（雷神）、アグニ（火の神）、ヴァルナ（秩序の神）などの神々を崇拝していました。これらの神々への祭祀《さいし》を行うのが、バラモンと呼ばれる司祭階級でした。

アーリア人の社会は、次第に4つのヴァルナに分かれていきました。最上位にバラモン（司祭階級）、次にクシャトリヤ（支配者階級）、ヴァイシャ（商工業者階級）、そして最下位にシュードラ（隷属民階級）が位置づけられました。カースト制度は職業の世襲制と結びついており、のちのインド社会に大きな影響を与え、現代にまで続く社会問題の源となっています。

バラモンたちは複雑な祭式を執り行い、ヴェーダの教えを解釈し、伝承する役割を担いました。彼らは自分たちが神々と人間を仲介する特別な存在であると主張し、社会的な権威を確立していきます。

ＢＣ８世紀頃からＢＣ５世紀頃にかけて、ウパニシャッドと呼ばれる哲学書が編纂されました。ウパニシャッドは、個人の魂（アートマン）と宇宙の本質（ブラフマン）の一致を説く「梵我一如《ぼんがいちによ》」の思想を展開し、バラモン教の思想をより深化させました（「ブラフマン」の漢字表記「婆羅門」を日本語的に発音したのが「バラモン」です）。

バラモン教の思想は、インド哲学の発展にも大きな影響を与えています。いま挙げたウパニシャッド哲学やヴェーダーンタ哲学など、後世のインド思想の多くがバラモン教の概念を基礎としています。

しかしバラモン教が支配的であった時代も終わりを迎えます。

バラモン教の儀式では神々への供犠が重要な位置を占め、とくに牛を神様に捧げることが頻繁に行われていました。

バラモン教の批判者であったゴータマ・シッダールタ（仏陀《ぶっだ》）が仏教を説いたＢＣ４世

紀前後の状況を考える上で重要なのは、インドのガンジス川流域で農業の生産性が飛躍的に高まっていたことです。

まさにその「牛」に鉄製の犂《すき》を引かせ、田畑を耕す方法が開発されたのです。

このような技術革新が起こったことで、成功者たちは農作業に使用人を雇い、都市に住むブルジョアジーになっていきます。ところがバラモン僧は「神様が牛を望んでいるんや」と言って強制的に牛を取り立てていきました。でも都市部の新興ブルジョアジーからすると、牛は貴重な生産手段です。「いやいや、私たちにはこの牛が必要なんです。勘弁してください」とお願いしても、神様を笠《かさ》に着たバラモン僧は聞き入れません。このような対立構造があったのですね。

そこにタイミングよく登場したのが、殺生禁止の教えを持つ仏教です。

おそらく、だからこそゴータマ・シッダールタやマハーヴィーラ（ジャイナ教の開祖）といった新しい思想家が現れ、バラモン教に対抗する新しい宗教や哲学を提唱した際に、影響力を持ち得たのだと思います。ゴータマ・シッダールタはカースト制を否定し、すべての人に平等に「解脱」の道があると説いた点でもアンチ・バラモン教でした。

仏教やジャイナ教はとくに都市部の商人層に支持され、急速に広まっていきました。

なにしろもうバラモン僧が来ても「牛はあげまへん」と断れます。「神様に楯《たて》つくんか」と責められても「うちは仏教徒やから、関係あらへん」「我が家はジャイナ教徒です」と言い返せます。

こうした現世的な利益もあって仏教とジャイナ教は都市部の信者を急速に増やしていきます。

一方、バラモンたちは農村部に活動の場を移し、そこで土着の信仰と融合しながら、より大衆的なヒンドゥー教へと発展していきました。

もともとのバラモン教の教えはややこしく、知識階級が多い都市部では理解してもらえたものの、字の読み書きができない農民相手にはなかなか伝わらなかったのです。そこでバラモン僧たちは考えを改め、教えをわかりやすく、シンプルにしました。

実はインドでは、アーリア人が侵入する以前から牛は聖獣と考えられていました（インダス文明の印章にも牛が多いのです）。そこでバラモン教も戦略を変えま

マハーヴィーラ

す。だんだん牛を殺すことを止めていくのです。土着化することで、覇権の喪失を食いとめようとしたと言えます。

このようにバラモン教の伝統を継承しながら発展してきた在来の信仰体系は、イスラーム勢力によって「ヒンドゥー教」（インダス川の向こう側の人々の宗教）と他称されるようになりました。この呼称はもともと地理的な意味を持つペルシャ語に由来します。

ヒンドゥー教はバラモン教の伝統を受け継ぎつつ、仏教やジャイナ教の影響も取り入れ、より柔軟で包括的な宗教に変化していきました。

仏教に対抗して生まれた大衆的なヒンドゥー教

大衆的なヒンドゥー教への変化はＢＣ６世紀頃から始まり、数世紀にわたって徐々に進行していきました。

ヒンドゥー教の特徴のひとつは、多様な神々の崇拝です。

バラモン教の複雑な儀式や哲学的な教えに代わって、身近な神々への信仰が重視されるようになりました。

とくに重要なのがヴィシュヌ神とシヴァ神です。ヴェーダ以来、ブラフマン（ブラフマー）、シヴァ、ヴィシュヌは三大神格として崇敬されてきたのですが、ブラフマンは世界の創造や根本原理をあらわす抽象的な神格だったので民衆の支持が薄れていきました。対してわかりやすい人格神だったヴィシュヌとシヴァの二神が人気を集め、たくさん神像も作られました。これらの神々は、それぞれ保護と破壊を象徴し、人々の日常生活により密接に関わる存在として崇拝されました。

おもしろいのは、ヒンドゥー教のいくつかの宗派では「ブッダはヴィシュヌの化身」と捉えている一方で、スリランカの仏教徒のあいだでは「ヴィシュヌはスリランカの守護神であり、同時に仏教の守護神である」として信仰を集めていることです。仏教とヒンドゥー教はライバル関係にありましたが、まったく関係のない別物というわけではなく、影響関係も信仰も錯綜《さくそう》していることがわかります。ちなみに日本の「七福神」のうち、屋敷神として祀られ、財と幸運の神として信仰を集める大黒天はシヴァから派生した神格であると考えられています。

いま「ブッダはヴィシュヌの化身」と言いましたが、ヒンドゥー教は「アヴァターラ」（化身）の概念を発展させた点でも重要です。これは神がさまざまな姿で地上に現れるという考え方です。たとえばヴィシュヌ神の化身としてのクリシュナやラーマは、人気のある神格となりました。これらの神々の物語は、『マハーバーラタ』や『ラーマーヤナ』といった叙事詩に描かれ、民衆のあいだで広く親しまれるようになります。

バラモンからヒンドゥーへの転換は、簡単に言えば「バラモン教の代表的な神であるシヴァやヴィシュヌを拝めば救われるよ」と振り切った、ということです。土俗の神様を素朴な像にして祈っていた人たちに対して、その風習を取り入れて農村地帯からの支持を得たのです。

そして都市は地方から人が集まってくる場所ですから、そういう人たちとともに土俗化したヒンドゥー教は、都市部に帰還し始めます。

一方、仏教は「殺生禁止」はわかりやすいものの、「涅槃《ねはん》」や「悟り」といった教義の本質は難しい。「いかに心の平安を得るか」に悩める都市部の知識人や金持ちにはウケはいいですが、親しみやすいヒンドゥー教に押されて都市部でも支持を失っていきます。

これに危機感を抱いた仏教側の過激な人々が、自己解脱を中心におく旧来の仏教（上座部）を小さな乗り物と批判して自分たちを「大乗」（大きな乗り物）と称して新たな布教手段を採用します。「仏教はわかりづらいから支持されないんや、このままではあかん」と。

そうして彼らは浄土三部経や法華《ほけ》経といった大乗経典を創作しましたが、そこで説かれる「阿弥陀仏《あみだぶつ》を拝めばそれでええ」という教えはシヴァ信仰やヴィシュヌ信仰のマネでしょう。観音菩薩《ぼさつ》が千手観音や馬頭観音へ変化する点にも、ヴィシュヌ神の影響が見られます。仏教は本来、偶像崇拝禁止の教えで、せいぜい仏足石などを拝むくらいでしたが、クシャーナ朝の時代に仏像が登場します。これもヒンドゥー教の素朴なシヴァ神やヴィシュヌ神の像をマネしたものでしょう。

6世紀になると、南インドのほうからヒンドゥー教でバクティ(信愛)信仰が広がります。バクティとは神への無条件の愛と献身を意味し、カーストや社会的地位に関係なく、誰もが実践できる信仰形態でした。「シュードラなどの低い階層のアールワール(アールヴァール)と呼ばれるヴィシュヌ教の宗教詩人や、ナーヤナールと呼ばれるシヴァ教の詩人たちが「○○神ばんざ〜い」などと讃《たた》えながら踊るようなものをイメージしてもらえればいいと思います。えらく楽しそうですね。民衆に対する宣伝効果はものすごいものがありました。

ここまでくると、お経や修行があって難しい仏教は、信者の「数」ではもはや対抗できません。

仏教サイドは発想を逆転させ、むしろさらに教えを難解にして知恵や富を持つ人たちを惹きつける宗教になろうとしました――こうして「秘密の教えをこっそり教える」という「密教」が登場します。この転換によって仏教はインド北部で生き残り、ヴィクラマシーラ大学などを建設、お金持ちが寺院に富を蓄積していきます。

ざっくり整理すると、簡単でわかりやすいという点では、仏教はどうがんばってもヒンドゥー教にかなわなかったのです。だからヒンドゥー教は人口の多い下層民向け、仏教は都市のインテリ向けと、多少は入り混じりながらも「棲《す》み分け」ていくようになります。

6世紀頃の出来事としては、ヒンドゥー教の寺院建築がさかんになった点も見逃せません。これらの寺院は神々を祀る場所であると同時に、芸術や文化の中心地としても機能しました。たとえば7世紀から8世紀にかけて建設されたタミル・ナードゥ州のマハーバリプラムの寺院群は、ヒンドゥー教の芸術と建築の傑作として知られています。

ここまでは「大衆向け」という点を強調してきましたが、すべてのヒンドゥー教徒がそうだったわけではありません。ヒンドゥー教にも哲学的な側面はありました。8世紀にはシャンカラ（700頃―750頃）が「不二《ふに》一元論」（アドヴァイタ・ヴェーダーンタ）を体系化し、ヒンドゥー教の哲学的基盤を強化しました。これは「万物の根源はひとつである」とする思想で、仏教の「空《くう》」の思想に対抗するかたちで発展させていきます。

インド亜大陸のなかで、ヒンドゥー教は徐々に仏教に取って代わっていきます。８世紀から12世紀にかけて仏教の影響力は次第に弱まっていくのです。

のみならず、ヒンドゥー教は東南アジアにも広まり、カンボジアのアンコール・ワットのような壮大な寺院建築を生み出しました。「アンコール・ワットって仏教寺院じゃなかったっけ」と思った人もいるかもしれません。あれは、もともとはヒンドゥー教の寺院として建てられ、16世紀後半になって仏教寺院に改修されたものです。

しかし、ヒンドゥー教、仏教双方にとって大きな変化が訪れます。

12世紀から13世紀にかけてイスラーム勢力のインド侵攻が本格化すると、多くの仏教寺院、ヒンドゥー寺院が破壊されます。たとえばビハール州のナーランダ大学は、１１９３年にインド・マムルーク朝の将軍ムハンマド・ビン・バクティヤール・ハルジーによって壊されました。とくに富を貯め込んでいた仏教寺院がターゲットとされ、徹底的に略奪が行われます。これは既に衰退傾向にあった仏教の存続をさらに困難にしました。

一方、庶民が集まるヒンドゥー教のちっぽけな寺院は数も多く、地域に根ざしていたがゆえに、さまざまなかたちで存続の道を見出していきました。

13世紀から現代までのインドの宗教

インドの宗教の歴史についても、駆け足でたどってみましょう。

13世紀のインドではヒンドゥー教が主要な宗教でしたが、いま言ったようにイスラーム教の影響力が急速に拡大していました。デリー・スルターン朝の支配下でイスラーム教は政治的な力を持つようになり、多くのヒンドゥー教徒が改宗しています。

しかしこの時期にはヒンドゥー教も変容を遂げ、バクティ運動という新しい信仰形態が広まります。6、7世紀にあったバクティ運動がもう一度、13世紀から16世紀にかけて民衆的な運動として広がるのです。バクティ運動はヒンドゥー教の神に絶対的に帰依することで解脱をはかる運動です。ヒンドゥーやイスラームの儀式や虚飾を否定し、「毎日毎日、一日中シヴァ神を信仰し続ければ救われる」というわかりやすさがやはり民衆にうけました。バクティ運動はカースト制度の厳格さをやわらげる役割を果たしたことも重要です。

16世紀に入ると、アフガニスタンから侵攻したバーブルがデリーに建国したイスラーム国家であるムガル帝国（1526―1858）の時代が始まり、イスラーム教の影響力がさらに強まりました。ただし帝国支配下のインドではムスリムは少数派であり、ヒンドゥー教徒やジャイナ教徒など多様な宗派の信徒が存在していました。

ムガル帝国下では、とくにアクバル大帝の時代に宗教的寛容政策が取られたことがよく知られています。アクバルは「ディーン・イ・イラーヒー」という新しい宗教を創始し、すべての宗教の長所を取り入れようとしました。

17世紀から18世紀にかけては、ヒンドゥー教の復興運動が起こります。中部インドのデカン高原を中心とした地域に、マラーター王国およびマラーター諸侯によって結成された連合体「マラーター同盟」のリーダーであるシヴァージー（１６２７―１６８０）は、ヒンドゥー教の価値観に基づく統治を行い、ムガル帝国に対抗しました。

またシク教もこの時期に勢力を拡大し、第10代教祖ゴービンド・シン（１６６６―１７０８）のもとで軍事的な性格を強めました。シク教は南アジアのパンジャーブ地方でナーナク（１４６９―１５３９）が開いた一神教です。日本ではあまり知られていませんが、イスラーム教、キリスト教、ヒンドゥー教、仏教に次いで世界で5番目に信者の多い宗教と言われており、約２４００万人の信者がいるとされています。シク教は輪廻転生の果てに神と合一することを目標とする考えで、しかしヒンドゥー教とは異なりカーストを否定しました。

19世紀には連合王国による植民地支配が本格化し、インドの宗教にも大きな影響を与えます。キリスト教の宣教師たちが活動を開始し、一部のインド人がキリスト教に改宗しました。有名なマザー・テレサ（1910―1997）はインドのコルカタで修道女として活動した人物でした。

ヒンドゥー教のなかからも改革運動が起こります。ラーム・モーハン・ローイ（1772―1833）が創設したブラフモ・サマージは、キリスト教や近代合理主義に対抗すべく再解釈したヒンドゥー教を提唱し、社会改革運動を展開します。

なお先ほども少し触れましたが、古代ペルシャに由来し、インダス川の向こう側の人々を指す地理的な呼称である「ヒンドゥー教」も当初は他称として使われ、インド亜大陸の在来の信仰を指していました。インドの知識人が英語でHinduisum、ヒンドゥー教という言葉を使うようになるのは19世紀に入ってからであり、「ヒンドゥー」をナショナル・アイデンティティを含むものとして打ち出し、自称し出すのは19世紀後半以降です。

20世紀に入るとインド独立運動のなかで宗教が重要な役割を果たしました。マハートマー・ガンディー（1869―1948）は、ヒンドゥー教の非暴力の教えを政治運動に取り入れ、独立運動を主導します。しかし前述したとおり、独立直前の1947年には宗教的対立が激化し、インドとパキスタンの分離独立という悲劇的な結果を招きました。

近年ではインドの人口の約８割をヒンドゥー教が占め、イスラーム教が１割台、キリスト教が２％、シク教が２％、仏教とジャイナ教が１％未満とされています。

ヒンドゥー教が多数派ではありますが、インドは国土が広く、多言語・多文化であるだけでなく、宗教的にも多様です。この点は観光業などの分野ではポジティブな経済効果をもたらしています。ヒンドゥー教の寺院、イスラーム教のモスク、仏教遺跡など、多様な宗教施設があるからです。

一方で冒頭に述べたようにヒンドゥー・ナショナリズムの台頭が政治、社会、経済、軍事に影響を及ぼしています。

……ルマ王朝期から続いているとされています。……にも仏教や数秘術の考えが反映されています。た……いますが、これは上座部仏教で人や虫や動物が31……えすという考えに基づいているとみられます。……治と密接に関わり、だからこそ政治とのつながりも……を得るために今生を生きていると考え、そういう死……威が非常に高くなっているんですね。……リズム」と呼ばれる思想も存在し、これが少数民族や他宗教に対する反感の源となっている側面もあります。とくにロヒンギャ問題に関しては、その側面が欧米メディアでは十分に取り扱われていないという指摘もされています。

アウン・サン・スー・チーは他の政治家や軍人と比べると呪術には距離を置いているようですが、上座部仏教で行われるヴィパッサナー瞑想は毎日行っているそうです。彼女の思想には西洋的な価値観よりも仏教的な思想のほうが強く反映されているとも言われています。

ミャンマーにおける仏教と政治の関係は複雑で、単純に「民主化を求める僧侶たち」という図式では捉えきれない歴史的・文化的背景があります。今後のミャンマーの政治情勢を理解する上で、宗教と政治の密接な関係性は重要な視点となるでしょう。

歴史的に見ると、仏教僧侶が政治や社会変革に関与した例は少なくありません。たとえば、20世紀のベトナム戦争時には多くの僧侶が反戦運動を展開し、世界的な注目を集めました。禅僧であるティク・ナット・ハンはのちの「マインドフルネス」に多大な影響を与えたのみならず、平和を求める社会参画仏教（行動する仏教）の活動でも著名です。

輪廻転生からの解脱を説いたブッダとマハーヴィーラ

BC4世紀頃、インド北部のガンジス川流域で、ブッダ（釈迦）とマハーヴィーラという2人の思想家が現れました。彼らは当時のインド社会に大きな影響を与え、新しい宗教思想を広めていきました。

ブッダとマハーヴィーラはほぼ同時代に生まれ、似たような境遇で育ちました。ブッダはBC383年頃に亡くなったと伝えられていますが、正確な生没年は不明です。彼は現在のネパール南部にあったシャカ族の王子として生まれ、29歳で出家しました。一方、マハーヴィーラは、マガダ国（現在のビハール州付近）の豪族の子として生まれ、30歳で出家したとされています。

２人が説いた教えの中心にあったのは「輪廻転生からの解脱」という考え方でした。輪廻転生とは、生きとし生けるものが死後も永遠に生まれ変わり続けるという思想です。この考えはインドの伝統的な宗教観に根ざしたものでした。しかしブッダとマハーヴィーラは「この永遠に続く生と死のくりかえしこそが、苦しみの根源や」と考えました。

ブッダは「人生には必ず苦しみが伴う」と説きました。生まれること、老いること、病むこと、死ぬことという「四苦」を挙げ、これらの苦しみから逃れられない人生が永遠にくりかえされることのしんどさを指摘します。そして、この苦しみの輪から抜け出す方法として「解脱」を提唱しました。極端な苦行や快楽を追求するのではなく、その中間の道を歩むべきだ、その先に「解脱」がある、と。

一方のマハーヴィーラは、ジャイナ教という宗教を創始します。バラモン教の秘教主義と動物を犠牲にする供犠・祭祀、バラモン階級の特権化を否定したジャイナ教は、より厳格な不殺生（アヒンサー）の教えを説きました。マハーヴィーラはあらゆる生きものを傷つけないことが輪廻転生と業（カルマ）から解脱する道だと考えたのです。この教えは後に、非暴力・不服従を訴えたマハートマー・ガンディーなど、インドの思想家たちに大きな影響を与えることになります。ジャイナ教は主にインド国内で発展し、現在でも約550万人の信者がいます。

仏教教団の分裂

ブッダの死後、BC3世紀頃に仏教教団の分裂は始まったとされています。分裂の背景には教義の解釈の違いや、僧団の運営方法をめぐる意見の相違がありました。

どの宗教でも宗祖が亡くなると教えを後世にしっかりと伝えていくために、宗祖の説教や言動を集めますよね。仏教では「仏典結集《けつじゅう》」と呼んでいて、1回目はブッダが死んだ直後に行われました。このときはブッダとともに過ごした弟子たちがたくさん生存していて、彼らの記憶が中心になりました。

2回目の仏典結集は、ブッダの死後100年ほどたってから行われました。このとき解釈が対立して、ふたつの派に分かれてしまいます（根本分裂）。

分裂の直接的なきっかけとなったのは僧団内での「お金をもらうべきか否か」という議論でした。本来、仏教の僧侶は無一物《むいちもつ》の生活を理想としていました。彼らは托鉢《たくはつ》と呼ばれる行為を通じて、人々から食べものを施してもらい生活していました。しかし、次第に信者たちが食べものだけでなく、お金も喜捨するようになりました。これは僧侶たちの生活を支えるための善意からでしたが、同時に仏教の根本的な教えとの矛盾を生み出すことになりました。

ここで「お金を受け取ってもいい」という派閥があったからこそ仏教教団による財産蓄積が可能になり、寺院が経済的・政治的な力を持つ基盤となり、インドでも中国でも権力者に目を付けられることにつながっていきます。

この問題をめぐって、仏教教団は大きくふたつの派に分かれます。

ひとつは「上座部」と呼ばれる、比較的年長の僧侶たちのグループです。彼らは伝統的な教えを重視し、ブッダの言葉を厳格に守ろうとしました（本章で詳細は後述します）。

もうひとつは「大衆部《だいしゅぶ》」と呼ばれる、より若い世代の僧侶たちのグループです。彼らは時代の変化に応じて教えを柔軟に解釈しようとしました。

「根本分裂」のあと、上座部と大衆部はそれぞれ独自の発展を遂げていきます。上座部仏教は主に東南アジアに広まり、現在のスリランカ、タイ、ミャンマーなどで主流となっています。上座部仏教は比較的初期の仏教の教えを保持し続けました。上座部仏教の経典は「パーリ語三蔵」と呼ばれ、ブッダの教えをより直接的に伝えているとされています。

一方、大衆部の流れを汲《く》む大乗仏教は、中国、日本、韓国など東アジアを中心に広まりました。大乗仏教の特徴のひとつは「菩薩」という概念を重視したことです。菩薩は自らの悟りを後回しにしてでも他の人々を救おうとする存在です。初期仏教では個人の解脱が重視されていましたが、むしろより多くの人々の救済をめざそう、と考えたわけです。

大乗仏教は紀元前後からＡＤ５世紀にかけて多くの経典を作りました。般若《はんにゃ》経や法華経、浄土三部経などです。これらの経典はブッダの直接の言葉ではありませんが、ブッダの教えを新たに解釈したものです。

伝統的な教えを重視する上座部仏教の信奉者たちは大乗仏教を「大乗非仏教」として批判しました。彼らは「大乗経典はブッダの直接の教えではない」と言って、その正当性に疑問を投げかけました。これに対して大乗仏教側は上座部仏教の教えが限定的であると批判しました。「大乗」という言葉自体が、自らの教えがよりすぐれた「大きな乗り物」であるという主張を含んでいます。

仏教教団の分裂後も、多様化は進んでいきます。6世紀から7世紀にかけて発展した密教は大乗仏教の流れを汲みつつ独自の儀式や思想を生み出し、禅宗や浄土宗などは日本にも伝わり、かたちを変えて根付いていきます。

大乗仏教の主要な４つの経典

大乗仏教の発展においては、主要な４つの経典系統がとくに重要な役割を果たしました。

まずひとつ目は般若系の経典です。般若とは「智慧《ちえ》」を意味し、この系統の経典は深遠な智慧の重要性を説いています。般若経のもっとも有名なもののひとつが「般若心経《はんにゃしんぎょう》」で、わずか262文字という短い経典ながら、大乗仏教の核心的な教えである「空」の思想を凝縮して表現しています。「色即是空、空即是色」（形あるものは空であり、空こそが形あるものである）という有名な一節は、この経典に由来します。

ふたつ目は華厳《けごん》系の経典です。華厳経は宇宙の真理を究めることをめざす壮大な経典で、鎮護国家（国家を守護すること）についても論じています。この経典はすべての存在が相互に関連し合い、調和している宇宙の姿を描き出しています。華厳経の思想はのちに中国や日本で大きな影響力を持ち、華厳宗という宗派の成立につながりました。

３つ目は浄土系の経典です。この系統には主に3つの経典があり、「浄土三部経」と呼ばれています。これらの経典は、阿弥陀仏の浄土（極楽浄土）への往生《おうじょう》を説いており、誰もが簡単に実践できる救済の方法を提示しています。「南無阿弥陀仏」と唱えることで救われるという教えは、多くの人々に受け入れられ、とくに日本では浄土宗や浄土真宗といった宗派の成立につながりました。

4つ目は法華系の経典です。代表的なものは「法華経」で、すべての人が平等に仏になれるという思想を説いています。この経典は理想主義的で平等思想が強く、日本では鎌倉時代に日蓮《にちれん》が法華経を中心とした教えを広め、日蓮宗という新しい宗派を創始しました。

大乗仏教のこれらの経典は、無名の人々によって大量に創作されました。仏教の教典は旧約聖書や新約聖書、クルアーンと比べるととんでもない物量があるのです。しかも系統ごとに言っている内容も伝え方もかなり違います。哲学的な深遠さを感じさせるものもあれば、仏様の身体がまばゆく発光して目からビームを放つような空想的な描写がなされているものもあります。その多様性を理解するには、今見てきたような歴史的背景を知る必要があるでしょう。

鳩摩羅什と玄奘による中国仏教の伝来

中国仏教史において、鳩摩羅什《くまらじゅう》と玄奘《げんじょう》の貢献は非常に大きなものでした。彼らは異なる時代に活躍し、それぞれ独自の方法で仏教経典の翻訳と伝播に尽力しました。

鳩摩羅什は344年頃に中央アジアのクチャ（現在の中国新疆ウイグル自治区）に生まれ、

413年に長安（現在の西安）で亡くなりました。彼は西域《さいいき》出身のインド人の血を引く僧侶で、若くして仏教を学び、すぐれた語学力を身につけました。401年、後秦《こうしん》の姚興《ようこう》（在位394―416）によって長安に招かれて多くの経典の漢訳に取り組みました。

鳩摩羅什の翻訳は「旧訳《くやく》」と呼ばれ、その特徴は読みやすく理解しやすい文体にあります。彼は直訳ではなく、中国人にも理解しやすいように意訳を交えながら翻訳を行いました。代表的な訳出作品には『妙法蓮華経』（法華経）や『金剛般若波羅蜜《はらみつ》経』（金剛経）などがあります。「色即是空、空即是色」という有名な一節を含む『般若心経』の翻訳も彼によるものです。

日本の厩戸皇子《うまやどのおうじ》（聖徳太子、574―622）は鳩摩羅什訳の『法華経』を講義したと言われています。鳩摩羅什の訳出した経典は中国だけでなく日本を含む東アジア全域で広く読まれ、また、3000人以上の弟子を育てたとされています。鳩摩羅什を中心に五胡《ごこ》十六国時代に行われた大乗仏教経典の漢訳運動は「人類の二大翻訳運動」のひとつとされ、もうひとつが前述したイスラームによるギリシャ・ローマの古典の翻訳です。

一方、玄奘は602年に中国の洛陽《らくよう》（現在の河南省）に生まれ、664年に長安で亡くなりました。彼は629年に唐の国禁を破って西域に旅立ち、インドのナーランダ大学で

玄奘

仏教を学びました。645年に長安に戻るまでの16年間、彼は多くの経典を収集し、仏教の本場での学びを深めました。玄奘の旅が成功したのは唐の太宗皇帝（在位626—649）とインドのハルシャ王の治世が重なり、両国が比較的安定していた時期だったという歴史的な偶然も大きな要因でした。

玄奘の翻訳は「新訳」と呼ばれ、鳩摩羅什の「旧訳」と対比されます。玄奘の翻訳の特徴は、原典により忠実であることです。彼はサンスクリット語の原典を正確に理解し、それを漢語に置き換えることに努めました。その結果、新しい仏教用語を多く生み出し、中国仏教の思想的深化に貢献しました。

玄奘最大の功績のひとつは『大唐西域記』です。これは彼のインド旅行の記録で、当時の中央アジアとインドの地理、歴史、文化に関する貴重な情報源となっています。また彼の旅の物語は後に『西遊記』という小説の素材となりました。

『西遊記』のなかで玄奘は「三蔵法師」として登場しますが、実際の玄奘とは異なり、非常に頼りない人物として描かれています。これは物語をより面白くするための脚色です。

三蔵法師の旅の仲間である孫悟空、猪八戒、沙悟浄は、講談師たちが物語を語る中で徐々に加えられていった架空の人物です。

仏教の影響は『西遊記』全体に見られます。物語の基本的な設定である「経典を求めてインドへ行く」という目的自体が仏教に基づいていますし、物語中では仏教の神々が最高位に位置づけられています。これは唐代に仏教が国家によって保護され、高い地位にあったことを反映しています。もっとも『西遊記』には道教の要素や中国の民間信仰、占星術や呪術的な要素も混ざっています。中国の宗教観がそういうものだったからですね。

中国における仏教の保護と弾圧の歴史

仏教の歴史において、保護と弾圧は表裏一体の関係にありました。

BC3世紀頃、マウリヤ朝の第3代皇帝アショーカ王（在位BC268頃―232頃）が仏教に帰依し、国家的に保護したことで、仏教は大きく発展しました。アショーカ王は仏教の教えに基づいて統治を行い、平和主義的な政策を推し進めました。

その後、仏教はインドから周辺地域へと広がっていきます。中国では4世紀から6世紀にかけて、鮮卑《せんぴ》が建てた北魏《ほくぎ》（386―534）をはじめとする北朝の諸王朝が仏教を国家的に保護しました。これらの王朝は遊牧民族出身で、漢民族とは異なる文化背景を持っていました。彼らは仏教を通じて自らの統治の正当性を主張しようとしたのです。

鮮卑には６つの有力な部族があり、北魏を建国したのは拓跋《たくばつ》部でした。拓跋部は西のフランク族と並ぶ優秀な部族で、五胡十六国の混乱を終わらせただけではなく、江南の地もおさえて中国統一を果たします。それが隋《ずい》で、続けて唐も建国します。北魏から隋、唐と続く支配国家を「拓跋帝国」「拓跋国家」と呼ぶ学者もいます。

拓跋部の指導者たちには、自分たちが漢民族とは違うという認識がありました。ですから自分たち以前の王朝が信奉していた国を治める理屈である、孟子《もうし》の易姓革命論が使えません（孟子については次の章でくわしく紹介します）。簡単に言うとこれは「前の王朝が悪政をすると、天が命じて人民が蜂起して新王朝を開く」という考えです。

では自分たちは、どうやって正当性を根拠づけたらいいのか。

北魏が華北統一（４３９年）を達成するのは、３代目・太武帝の時代です。彼は道教（老荘思想）を組織した寇謙之《こうけんし》の教えを受け、仏教を迫害します（仏教に対して４回行われた大弾圧の最初です）。

太武帝による華北統一のおよそ40年以前、長安に鳩摩羅什がやってきました。彼は大量の大乗経典を中国語に翻訳しました。でも寇謙之は太武帝に「西から来た仏教なんかけしからん。中国古来の道教思想を大切にすれば中国人はあなたを皇帝と認めるでしょう」とでも意見を述べたのではないでしょうか。

しかし、太武帝の後に即位した文成帝は、逆に仏教を保護します。彼は高僧・曇曜《どんよう》から「皇帝は『如来』、つまり仏です。官僚や軍人は人々を救う『菩薩』です。そして人民は救いを待つ『衆生《しゅじょう》』（大衆）です」という国家仏教の教えを受けます。

「ほうほう、そらすばらしい考えや」――そのように文成帝は考えたことでしょう。易姓革命論に対抗しうる立派な理屈ですからね。文成帝は曇曜に命じて首都・平城（現在の大同。日本の平城京の語源）西郊にある雲崗《うんこう》の石窟に、巨大な石仏をつくらせます。「皇帝＝仏」という考えに基づき、石仏の顔はみな北魏の皇帝を模したものと言われています。

唐までの時代の仏教は、龍門の石窟に彫られた毘盧遮那《びるしゃな》仏に見られるように、全世界を光明で満たす国家を鎮護する仏教が中心でした。中国史上唯一の女帝・武則天（則天武后。在位６９０―７０５）が全国に大雲経寺をつくらせてもいます。それまで中国で重視されてきた儒教は女性蔑視的な価値観が色濃いものでしたから、それに代わる宗教的なイデオロギーを探していた武則天は当初マニ教にも好意的で、文献の漢訳もさせています。ともあれ本格的に採用したのは仏教でした。龍門の石窟に彫られた毘盧遮那仏は武則天をモデルにしたという伝承が残されています——が、これは年代的にややムリがあるようです。日本の奈良の大仏や国分寺は、武則天の仏教政策のマネです。

しかし、仏教の保護は常に安定したものではありませんでした。574年の北周《ほくしゅう》の武帝による廃仏、845年の唐の武宗による会昌《かいしょう》の法難など、何度も大規模な仏教弾圧が行われています。これらの弾圧は「三武一宗の法難」として知られています。

唐の15代武宗（在位840—846）の頃には「唐の王室は老子の子孫だ」と喧伝《けんでん》して道教を保護し、ほかの宗教には厳しい時代になりました。基本的には唐は世界帝国として、その他の宗教にも寛容な時代のほうが長いのです。でも中唐から晩唐にかけて衰えゆくなかで、排他的になっていきます。仏教のみならずキリスト教（ネストリウス派。景教）、ゾロアスター教、マニ教など、すべての外来宗教が弾圧されました。武宗はウイグルに圧迫されており、とくにウイグル人が信仰していたマニ教への反発が激しかったようです。

この宗教弾圧を838年に遣唐使として入唐《にっとう》していた天台宗の僧円仁《えんにん》が『入唐求法《ぐほう》巡礼行記』で記述しています。またこれと同じ頃、チベットにあった国トゥプトでも仏教を弾圧する君主が登場し、その混乱から国が分裂して滅びています。

「三武一宗の法難」――北魏の太武帝（5世紀）、北周の武帝（6世紀）、唐の武宗（9世紀）、後周の世宗（10世紀）による4回の大弾圧での廃仏の目的は、みな財産の没収と僧尼の還俗《げんぞく》が中心です。仏教寺院の経済力の増大、僧侶の増加による税収の減少などが背景にありました。

為政者は仏教を自らの統治の正当化や国家の安泰のために利用しようとする一方で、仏教勢力の社会への影響力をきらって弾圧を加えることもあったわけです。

密教の誕生とチベット仏教・真言宗

密教は仏教の一派として7世紀頃にインドで誕生します。この新しい形態の仏教はそれまでの仏教とは異なり、秘密の教えや儀式を重視する特徴を持っていました。密教の誕生によって仏教は第二の大きな変革を遂げ、その影響は広くアジア全域に及びました。

密教の中心的な経典として、650年頃に「大毘盧遮那成仏神変加持経《じんぺんかじきょう》」（略して「大日経」）が成立します。この経典では宇宙仏である大日如来が、特定の行者に秘密裏に教えを説くという形式を取っています。それまでの仏教経典がブッダが広く大衆に教えを説く形式（顕教《けんぎょう》）であったのとはぜんぜん違うものでした。

680年頃には「金剛頂経」が成立します。この経典は大日如来が金剛（ダイヤモンド）のように堅固な智慧を説いたものです。「大日経」と「金剛頂経」が密教の二大経典です。

これらの経典に基づいて作られた曼荼羅《まんだら》も密教の特徴です。「大日経」に基づく胎蔵界曼荼羅と、「金剛頂経」に基づく金剛界曼荼羅が代表的なものです。曼荼羅は宇宙の姿や智慧を図像化しています。

密教には同時代にヒンドゥー教で発展していたタントリズムの影響も見られます。タントリズムは神の配偶者の性力（シャクティ）を重視する思想で、ヨーガの実践やマントラ（真言）の唱和を重視します。密教も複雑な儀式や呪文の唱和を取り入れています。

密教はインドで生まれ、チベットと中国経路で広まっていきました。仏教が東アジアに浸透する第二波です。

先に伝わったのはチベットで、8世紀後半のことです。大乗仏教はインドから中国に伝わりましたが（第一波）、その布教ルートはパンジャブ地方からシルクロードを東へ向かいました。でも密教（第二波）はわざわざ険しいヒマラヤ山脈を越えてチベットに行きました。インダス川のあたりはイスラーム圏になっていて、異教徒がわんさかいるなかを通っていくよりは、山を越えたほうがまだマシだったからです。

当時のチベットにあったトゥプトという国には中国の皇女が嫁いでいて、中国仏教（大乗仏教）もすでに入っていました。当然「新しいインド仏教（密教）と中国仏教（大乗仏教）、どっちがええんや」という話になります。そこで論争（宗論）が行われ、優劣を争いました。結果はインド仏教の勝利です。でも僕は、これは教学上の優劣を必ずしも意味していないと思います。「新しい仏教を布教するぞ！」という熱意からヒマラヤを越えてきたインドの僧と、トゥプトに占領されて連行されてきた中国僧とでは勝負にならなかった、そういうことだと思います。

この宗論後、チベットは密教圏になり、独自の文字や文化と結びついていわゆるチベット仏教（ラマ教）となります。そしてモンゴルや満洲へと広がっていきました。

一方、中国への密教の伝来は主に3人の僧侶によってもたらされました。善無畏三蔵（６３７―７３５）、金剛智三蔵（６７１―７４１）、不空三蔵（７０５―７７４）です。彼らは「大日経」や「金剛頂経」を漢訳し、中国に密教を広めます。とくに不空の弟子である恵果（７４６―８０５）は両系統の密教を統合し、のちに日本の空海（７７４―８３５）に伝えることになります。空海は８０４年に遣唐使として中国に渡り、恵果から密教を学びました。帰国後に真言宗を開き、日本に密教を広めます。

空海

密教はどんな層にウケたか。仏教が都市のインテリの信者に寄りすぎて農民や貧しい人々がヒンドゥー教に流れ、それへの対抗運動として大乗仏教が生まれたわけですが、今度は金持ちやインテリから「ワシらはアホやない。南無妙法蓮華経と唱えるだけでええとか言われても納得いかんわ。もっと高尚な教えはないんか」と不満が出ます。

そこで考えられたのが密教でした。「そのとおりです。ブッダの真の教えは難解で大衆に言ってもわかるようなものではありません。だから賢いあなたにだけ教えてさしあげましょう」と。そう言って宇宙の姿や智慧を絵にした曼荼羅を見せ、サンスクリット語そのままの呪文を「真言《しんごん》」と称して唱え、新奇な仏器や花を飾っておごそかな世界を魅せたのです。

このやりかたでインドでも中国でも日本でも、密教は支配層、権力者に取り入っていきます。

密教登場以降の中国における仏教

密教が中国に根付いていく一方で、唐代後半から宋《そう》代にかけて、中国仏教は新たな展開を見せます。とくに注目されるのは、禅宗と浄土教の発展です。

禅宗は直接的な悟りの体験を重視し、坐禅《ざぜん》を中心とした修行法を説きました。馬祖道一（７０９―７８８）や黄檗希運《おうばくきうん》（？―８５０）といった禅師たちが活躍し、禅宗は中国仏教のなかで重要な位置を占めるようになりました。

一方、浄土教は、阿弥陀仏の西方極楽浄土への往生を説く教えで、庶民にも理解しやすい簡単な実践法を提示しました。「南無阿弥陀仏」と唱えることで救われるという教えは、多くの人々に受け入れられました。

唐代から宋代にかけて都市化が進み、商業が発展していました。この「唐宋変革」と呼ばれる社会変動のなかで、仏教も変化を余儀なくされていたんですね。禅宗や浄土教は複雑な教理や儀式よりも実践的な修行法や簡単な信仰形態を重視します。これは忙しい都市生活を送る人々のニーズに合致し、広く受け入れられる要因となりました。

しかし、先ほども触れた８４５年の「会昌の法難」では、道教を信奉する武宗によって仏教が弾圧され、多くの寺院は破壊されて僧侶は還俗を強いられました。そこから中国仏教は「国家に頼ることなく自力で生きていかなあかん、信者を獲得しよう」と真剣に模索を始めます。

仏教教団は、木版印刷という新技術を用いました。この当時の印刷技術の進歩はめざましく、信者獲得のためのアジビラや宗教文書が大量に印刷できるようになりました。ルターの教えが広まったのも印刷技術と深く関係していました。

「印刷のおかげで宗教が広まった」とも言えますが、必死で伝えたいものがあるからこそ技術を発達させ、普及させたと考えるならば「印刷を発展させたのは宗教だった」と言えるかもしれません。ちなみにこの印刷技術の発達が科挙《かきょ》も可能にしています（なぜなら試験の参考書がたくさんの受験者に行き渡るようにならなければ、全国統一試験はできないからです）。

話を戻しますが、フランス革命を見てもわかるように、教えや思想を広めるには新聞やアジビラが有効です。中国仏教界も自ら新聞を出して一生懸命布教をします。民衆に広まっていったのが、わかりやすい浄土宗でした。「南無阿弥陀仏と唱えれば誰でも極楽浄土へ行ける」――いわゆる他力本願の教えです。

でも頭の良い層、科挙を受けて官僚になるような士大夫《したいふ》（とくに宋代に確立された支配階級）は「南無阿弥陀仏だけOKや」という思想では納得できないわけです。やっぱり賢い人たちは「西方に浄土がある？　本当かいな」と思って、簡単には信じません。むしろ「人生とは何か」といった問題について思索をしたいわけです。

そこであらわれたのが禅宗です。みなさんの禅のイメージはどんなものでしょうか。座禅？　スティーブ・ジョブズ？　きっと「わけわからんことを言って考えさせる禅問答」（公案）もすぐ思い浮かぶでしょう。あれが知識人に受けました。難しいからこそ、深く感じる。密教もそうでしたが、なぞめいたものを好む人たちもいるんですね。

会昌の法難以降、仏教は一時的に衰退しますが、9世紀後半から10世紀にかけて「知識人の仏教」である禅宗と「大衆の仏教」である浄土教が中国仏教に二大潮流として主流となっていきます。鎌倉時代には禅と浄土宗が日本に入ってきて、日本の仏教界のなかでは今でも主流を占めていますが、鈴木大拙《だいせつ》は著書『日本的霊性』のなかで、この2つが日本人の宗教意識をかたちづくったと述べています。

宋代（960―1279）には仏教の教えがさらに洗練され、中国思想の重要な一部を形成していきました。また、仏教と儒教、道教との融合が進む「三教合一」と呼ばれる動きもありました。

元代（1271―1368）にはチベット仏教の影響が強まります。モンゴル人の支配者たちはチベット仏教を信奉し、中国本土にもチベット仏教寺院が建立《こんりゅう》されるようになります。

明代《みん》（1368―1644）と清代（1644―1912）には、仏教は一定の保護を受けつつも（とくに清代ではチベット仏教が重視されました）、儒教が国家の主要な思想として優位に立ちました。この時期の仏教（とくに漢伝仏教と呼ばれる中国の従来型の大乗仏教）は民間信仰との融合を深め、より庶民的な性格を強めていきます。

20世紀に入ると近代化の波に直面します。1912年の中華民国成立後、仏教界も改革の動きが活発化しました。太虚（1889―1947）などの僧侶たちが中心となって、仏教の近代化と社会参加を推進します。けれども1949年の中華人民共和国成立後、文化大革命（1966―1976）の時期には多くの寺院が破壊され、僧侶たちは還俗を強いられるという、845年の会昌の法難以来の大きな危機を迎えます。

1976年以降、改革開放政策のもとで宗教政策も緩和され、いまでは多くの寺院が再建され、僧侶の数も増加しています。

東南アジアに広まった上座部仏教

本章冒頭で触れたように、東南アジアではいまでも仏教が深く信仰されている国が少なくありません。ミャンマーのバガン遺跡群やタイのスコータイ遺跡など、多くの仏教遺跡が世界遺産として登録されており、旅行で訪れたという人もいることでしょう。

では東南アジアでは仏教のどんな教えが、どのように伝わっていったのでしょうか。

東南アジアに広まったのは上座部仏教です。上座部仏教の起源はＢＣ３世紀頃のインドに遡ります。

上座部仏教が東南アジアに伝わった経緯は、インドの仏教史と深く関わっています。ＢＣ３世紀頃、インドのマウリヤ朝第３代アショーカ王（在位ＢＣ２６８頃―ＢＣ２３２頃）の時代に、仏教の布教活動が活発化します。アショーカ王は自身の子であるマヒンダ王子をスリランカに派遣し、仏教を伝えたとされています。これが上座部仏教のスリランカへの伝来の始まりとなりました。

仏教がインドからアジアに伝播したルートは三波に分けて考えられます。

第一波は、大乗仏教がパンジャブ地方からシルクロードを通って中国へ。

第二波は、密教がまっすぐ北上してチベットへ。

第三波は海を経由しました。インドとビルマを結ぶ地には、雨が多く、山脈にも遮られた酷暑地帯アッサムがあります。だから古代からインドと東南アジアとのあいだは、なかなか道が通じなかったようです。そこで海のルートが登場します。いま言ったようにアショーカ王の時代に伝わっていった上座部仏教がセイロン島（スリランカ）に残っていて、インドでは廃れてしまったこのもっとも古い仏教の教えが、海沿いにビルマに入っていくのです。

現在のミャンマーに存在した王朝であるバガン朝（１０４４─１２８７）の初代王アノーヤター（在位１０４４─１０７７）は、モン族の都タトンを征服し、上座部仏教をバガンに導入しました。上座部仏教が国教として採用され、大乗仏教や密教的要素が強かった仏教から上座部仏教への転換が始まり、スリランカから僧侶が招かれました。

バガン時代には有名なアーナンダ寺院やダマヤンジー寺院など、数千もの仏教寺院や仏塔が建設されています（寺院建立や寺院への寄進にお金を使いすぎたことも一因となって、１２８７年に元軍に侵攻されると対抗できずに没落していくのですが）。

バガン王朝の影響は海路を通して周辺の東南アジア諸地域にも及びます。13世紀にはタイのスコータイ王朝（１２３８─１４３８）が上座部仏教を受け入れ、その後カンボジアやラオスにも広がっていきました。こうして東南アジアには上座部仏教という、いわばいちばん古い仏教が、いちばん新しく伝わり、現在に至っています。

上座部仏教の特徴のひとつはパーリ語で書かれた経典（パーリ語三蔵）を重視することですが、東南アジア各国ではパーリ語経典の学習がさかんに行われ、独自の仏教文化が形成されていきました。また、上座部仏教では出家者（僧侶）と在家者（一般の信者）の役割を明確に区別しています。僧侶は厳格な戒律を守り、瞑想や経典の学習に専念します。一方、在家者は僧侶を物質的に支援し、功徳を積むことで来世でのより良い生まれをめざします。上座部仏教の寺院は教育の場としても機能し、多くの若者が読み書きを学び、また地域社会の中心となって行事や儀式の場としても用いられました。

19世紀から20世紀にかけて、東南アジアの多くの国々が西洋諸国の植民地支配を受けましたが、この時期には上座部仏教は民族のアイデンティティを保つ要素となりました。タイ（当時のシャム）では上座部仏教が国家統合のシンボルとして機能し、独立を維持する上で重要な役割を果たすことになります。

日本の仏教と神仏習合

タイやミャンマー、スリランカに旅行すると、町中にいるだけで「ずいぶん日本の仏教とは違うな」と感じます。では日本の仏教はどのようにして今のような姿になっていったのでしょうか。また、日本人は初詣にはお寺も神社もいきますし、御朱印巡りでも神社と寺を区別していない人が大勢います。日本ではどのようにして神道と仏教が混ざっていったのでしょうか。日本の仏教史をたどってみましょう。

『日本紀《にほんぎ》（日本書紀）』には538年に朝鮮半島の百済《くだら》から仏教が伝来したと記されていますが、百済は滅亡の瀬戸際で余裕がありませんでした。今では具体的な年代の特定は難しく、6世紀半ばに徐々に受容されていったと考えられています。それ以前にも、朝鮮半島からやってきた渡来人のなかに仏教徒がいたかもしれません。

仏教の伝来は「宗教の導入」以上の意味を持っていました。寺院建築、仏像制作、経典の書写など、当時の最先端の技術や文化がセットで日本に入ってきたからです。舶来の知識革命だったと思ってください。

もっとも、仏教の受容は最初から順調だったわけではなく、受け入れるべきか否かをめぐって激しい論争が起こり、蘇我《そが》氏が仏教の受容を推進する一方で、物部《もののべ》氏は伝統的な神道の立場から仏教の導入に反対する「崇仏論争」が起こり、最終的には蘇我氏の勝利に終わったことはよく知られています。7世紀に入ると、法隆寺など多くの寺院を建立します。有名な十七条憲法のなかでも仏教の重要性が説かれています。

奈良時代（710―794）には仏教は国家の保護を受け、国分寺・国分尼寺の建立や東大寺の大仏造立など、国家仏教の最盛期を迎えます。

平安時代（794―1185）に入ると最澄（767―822）と空海（774―835）とが中国から新しい仏教の教えを持ち帰りました。ふたりはそれまでの奈良仏教とは異なる新しい教えを説き、最澄《さいちょう》は天台宗を、空海は真言宗を開きました。

この時代には「本地垂迹説《ほんじすいじゃくせつ》」という考え方も広まります。「日本の神々は仏や菩薩の化身なんや」「大日如来が日本では天照大御神の姿になった」と。「本地」である仏、如来や菩薩は、衆生を救うために日本の在来の神様の姿をとってこの世に現れる（「垂迹」）と考えました。ヒンドゥー教の「化身」という考えを説明したところで似たような話をしましたよね。あれの日本バージョンです。

こうして仏教と神道の融合が進み、のちに「神仏習合」と呼ばれる状態につながっていきます。多くの神社に寺院が併設され、神宮寺と呼ばれるようになりました。僧侶が神社の祭祀を行うなど、神道と仏教の儀式が融合していきました。また、山岳信仰と仏教が結びついた修験道《しゅげんどう》も発展し、神仏習合の一形態として広まっていきました。

鎌倉時代（1185―1333）には法然（1133―1212）の浄土宗、親鸞《しんらん》（1173―1263）の浄土真宗、一遍（1239―1289）の時宗、日蓮（1222―1282）の日蓮宗、栄西（1141―1215）の臨済宗、道元（1200―1253）の曹洞宗《そうとう》などが登場します。昔はこれらの宗派を「鎌倉新仏教」と呼んでいましたが、近年の研究では、実際にはこれらの教えが広く普及し、教団として確立したのは室町時代以降だったという見方が強くなっており、「鎌倉新仏教」という呼び方は採用されていません。

鎌倉時代には神仏習合がさらに進んで神社と寺院の区別が曖昧になっていきます。多くの神社で仏像が祀られ、寺院でも神道の要素が取り入れられました。でも神道からは「なんで仏教がオリジナル（本地）で日本の神様が化身（垂迹）なんや」という考えも出てきて、鎌倉時代中期には「反本地垂迹説」が登場します。「日本の神様こそがオリジナルで、仏や如来のほうが権化」なのだ、と。

このように鎌倉時代には神道の理論化も進み、両部神道や山王神道といった神仏習合の思想が体系化されていきました。でも「神様と仏様は同じ」という発想は変わっていません。日本はずっと神仏習合で、しかも仏教のほうが強い立場にありました。

室町時代（1336―1573）から戦国時代（15世紀末―1515）にかけては、一向一《いっこういっ》挨拶《き》に見られるように浄土真宗が民衆のあいだに広く普及し、時に政治的な力を持つようになります。室町時代から江戸時代（１６０３―１８６７）にかけては多くの人々が神仏両方を信仰し、神社と寺院を区別せずに参拝しました。

江戸時代には幕府は仏教を利用して人々を統制しようとします。キリシタンの取り締まりを目的に、いまの檀家《だんか》制度を含む寺請《てらうけ》制度が導入され、すべての人々が寺院に所属することが義務付けられました。

江戸時代後期になると国学の台頭とともに神道復古の動きが起こり始めます。本居宣長《もとおりのりなが》（１７３０―１８０１）や平田篤胤《あつたね》（１７７６―１８４３）らの国学者たちが、日本固有の神道を重視し、仏教の影響を排除しようとする思想を広めます。

そして明治時代（１８６８―１９１２）に入ると明治新政府は神道を国教化する政策を取り、「廃仏毀釈」と呼ばれる運動が起こります。１８６８年から１８７０年頃にかけて起こった仏教を排斥し神道を重視する動きのなかで、多くの寺院や仏像が破壊されました。長く続いた「神仏習合」は否定され、それまでお寺だった場所が神社にされるなど、仏教の影響を表向き消し去る動きが各地で発生します。

これに対して、長州藩出身で戊辰《ぼしん》戦争（１８６８―１８６９）の頃から僧侶に軍事教練を施すなど、対幕府戦争に向けた準備にも関わっていた浄土真宗西本願寺派の僧侶・島地黙《もく》雷《らい》が、木戸孝允《たかよし》や伊藤博文《ひろぶみ》といった長州出身の政治家たちに働きかけていきました。

明治政府が1872年に発布した三条教則は、神道を中心とした国家神道の確立をめざすものでした。これに対して島地黙雷は「三条教則批判建白書」を起草し、仏教の立場から異議を唱えます。島地のロビーングは政府の宗教政策に影響を与え、神道を中心に据え国民教化を目的とする組織、大教院の廃止につながりました（1875年）。さらに1889年に制定された大日本帝国憲法では、信教の自由が明文化されています。

廃仏毀釈のショックは仏教教団に「えらいこっちゃ。ワシら何もせえへんかったら政府に潰されてしまうかもしれん」という危機意識を醸成したことでしょう。大正時代から昭和初期にかけて、日本の仏教教団は政治との関わりをさらに深めていきます。

たとえば浄土真宗本願寺派は1914年に第一次世界大戦が勃発すると戦没者の追悼法要を営んで慰問金の募集を行い、1931年に満洲事変が起こった際には大連の開教総長に軍隊や居留民の慰問を指示しています。また、真宗大谷派も満洲国建国直後の1932年5月から各地で寺院を建立し、日本語教育を行うなど、植民地政策に協力しました。

1937年に日中戦争が始まると、仏教教団は「銃後の守り」として追悼法要や献金、慰問品の送付、講演会の開催などを行い、婦人会のメンバーが傷病兵を慰問し、戦死者の遺骨を迎えて読経《どきょう》や焼香を行います。真言宗高野山の土宜法龍《どきほうりゅう》は「慈悲の思いが届かなかったので、やむを得ず『不動明王の剣』を抜いたのだ」という理屈で戦争を正当化しました。

反戦的な仏教者は少数派で、真宗大谷派の竹中彰元《たけなかしょうげん》は「戦争は罪悪である」と発言して陸軍刑法によって有罪判決を受け、大谷派から法要座次を最下位に落とす処分を受けています。

１９４０年代には仏教の教えと天皇崇拝を結びつける「皇道仏教」化が加速します。大原性実《しょうじつ》や暁烏敏《あけがらすはや》など、複数の仏教者が「念仏を唱える際にはその力を天皇に捧げるべき」だとか、阿弥陀仏と天皇を重ね合わせた解釈を説いていきました。戦争末期には仏教教団が「一億特攻」を呼びかけ、浄土真宗は中世の一向一揆を想起しながら「殉教の血」を呼び起こすことを訴えていました。

１９４５年8月15日の敗戦を迎えると、多くの教団は神棚を片付けて平和主義への転換を図りました。しかし戦時中の協力姿勢への本格的な反省と謝罪は長い時間を要し、たとえば真宗大谷派が竹中彰元の名誉を回復したのは２００７年のことでした。

いまの日本人の多くは、東南アジアの仏教ナショナリズムや政界へ深く関わる高僧を見ると、「仏教徒が俗世の政治に関わるなんて」「仏教には不殺の教えがあるのに」などと思いがちです。でも近代日本でも仏教思想、仏教教団はほかの宗教勢力や政権、軍との緊張関係もあるなかで、自らの生き残りをかけて深く政治に関わってきました。現代の世界の宗教と政治、社会の関係を捉えるためにも、私たちはその歴史を忘れてはいけないと思います。

第7章

中国共産党と儒教の関係とは？

建前の共産主義、裏の儒教

儒教は孔子《こうし》（BC552―BC479）によって創始された思想体系です。

儒教とマルクス主義的な「無神論」を標榜《ひょうぼう》する中国共産党の関係は相反するものに見えるかもしれません。しかし中国共産党は統治に儒教の要素を取り入れています。

中国共産党は1949年の建国以来、マルクス・レーニン主義と毛沢東思想を国家の指導理念として一応は掲げてきました。

共産主義イデオロギーは無神論を基本としていますから、宗教や伝統的な価値観を否定する傾向にあります。とくに1966年から1976年にかけての文化大革命では、儒教は「四旧」（古い思想、文化、風俗、習慣）のひとつとして批判の対象となります。儒教以外にも宗教に対する厳しい弾圧が行われ、この時期に多くの寺院や教会が破壊され、僧侶や聖職者が迫害されました。宗教は「封建的迷信」として批判され、公の場での宗教活動はほぼ禁止されました。

しかし1978年以降の改革開放政策のなかで、中国共産党の姿勢は徐々に変化していきます。1982年に発表された「中国共産党の宗教問題についての基本的見解」では、宗教の長期的存在を認め、信仰の自由を保障する方針が示されています。とはいえ、この

「信仰の自由」は党の管理下での自由であり、完全な自由ではありません。

現在、中国政府は公式に５つの宗教を認めています。仏教、道教、イスラーム教、ローマ教会、プロテスタントです。これらの宗教は政府が認可した団体を通じた活動が許されています。たとえばローマ教会の場合、バチカンではなく中国カトリック愛国会が管理する「中国天主教会」が公認団体です。

政府の認可を受けていない宗教団体やチベット仏教のダライ・ラマ14世（１９３５―）を支持する人々、新興宗教などに対しては規制や弾圧が続いています。法輪功のような新興宗教運動についても日本でもしばしば報道されてきました。

一方で中国共産党は儒教には比較的寛容です。

また、信者の数が多いのは、５宗教以外の宗教です。たとえば、中華民族と医学の始祖とされる黄帝《こうてい》、商売の神様として信仰される『三国志』の関羽、船乗りの神様・媽祖《まそ》など、古くからある民間宗教の信者の人が多いのですね。このあたりの民間信仰は、社会秩序を乱さないかぎりは「中国の伝統文化」などといって中国共産党は放置しています。

断っておけば、中国共産党が言う「無神論」「社会主義」はタテマエです。中国は中国共産党という名のエリートたちが実権を握っているだけで、共産主義など信じていません。市場経済を積極的に導入し、だからこそGDPで世界第2位の経済大国にまで成長できたのです。現在、アメリカに留学している中国のエリートは約37万人。アメリカにいる外国人留学生110万人超の実に3人に1人。それだけ本気で市場経済を学びに来ているのです。

ではなぜ儒教は取り入れているのか。1990年代以降、中国共産党は儒教を「宗教」というより「哲学」や「倫理体系」として扱い、急速な経済発展に伴う社会の変化や価値観の多様化に対応するために使ってきました。儒教の価値観を社会主義思想と融合した「儒教社会主義」が、支配に都合のいい価値観だったからです。儒教がなぜ支配に都合がいいツールなのかは、おいおい語っていくことにしましょう。

ただ、お上《かみ》（中国共産党）が騒いでいるだけでなく、儒教を含む伝統文化の復興は一般市民のあいだでも進んでいるのが興味深いところです。古典の読書会や私塾の増加などがあり、北京や上海の書店ではマルクスやレーニンの著作よりも儒教の古典や経済書が目立ちます。

現代中国は、表向きは共産主義、その実態は儒教的な価値観が残る、「建前の共産主義、裏の儒教」と言えます。これを理解するには中国社会における思想の「棲み分け」について見ていくのがいいと思います。

本章では儒家、法家、道家など、中国発の「思想」について紹介していきます。たとえば儒教は祖先崇拝的な面があるものの、もともとはキリスト教やイスラームのような「宗教」ではありません。道教にしても、民間信仰になっている一方で、老子や荘子を読む人たちがみな超自然現象を信じているかといえば、むしろ「生き方」を説いたものとして長年受容されてきた歴史もあります。そういうわけで「宗教」の範疇《はんちゅう》から外れるものまで含めて、中国思想についてお伝えしていきたいと思います。

孔子や墨子が生きた動乱の時代

中国の歴史上、重要な思想といって真っ先に挙がるのは儒教です。そして儒教の創始者と言われるのは孔子ですから、やはり孔子のことから始めます。

孔子や墨子（BC470頃―BC390頃）が生きたのは、中国の歴史上、春秋時代から戦国時代への移行期にあたる、激しい動乱の時代でした。春秋時代はBC770年に始まります。この年、西周の都である鎬京《こうけい》（現在の西安《シーアン》付近）が異民族の襲撃を受けたため、周王朝は東方の洛邑《らくゆう》（現在の洛陽）に遷都します。小さな都市国家となった周王朝の支配

孔子

力は低下し、100から200と言われる諸侯国が乱立し、それぞれ実質的な独立国家として台頭し始めます。

孔子が生まれたBC552年頃には「礼」を基礎に置いていたとされる周王朝の権威は形骸化しており、孔子の故郷である魯《ろ》国は現在の山東省に位置する小国で、大国である斉《せい》国の脅威に常にさらされていました。諸侯国間の争いが激化していました。

孔子は、それぞれの身分の人々が心豊かに生き、社会の秩序を保つための生活規範である「礼」や慈しみの心である「仁」を重視したと言われます。でも、かたくるしい言い回しを抜きにして言うなら、実際には孔子は現状を肯定した人です。「農業生産力を上げて高度成長して、みんなが金持ちになればええ。そうしたら立派な葬儀もできる。国が栄えれば家が栄える。それで両親やご先祖様を大切にできればええ」と。現世肯定、高度成長礼賛の考え方なのです。

くわえて言えば「仁」は氏族主義、同一の祖先を持つ集団の内側から同心円状に弱くなっていくもので、ようするに身内を大事にしなさいという考えです。ほかにも「正名《せいめい》」、つまり「君主は君主、大臣は大臣、父は父、子は子として」正しく振る舞いなさい、下剋上なんか持ってのほかだといった教えもありました。ですから孔子の教えは、普通は体制批判にはならないんですね。

孔子の思想は、当時の権力者たちにはあまり受け入れられませんでした。孔子は50代半ばで魯国での政治改革を断念し、弟子たちとともに諸国を遍歴しますが、どの国でも重用されることはなかったのです。身長約２メートルの大男・孔子は失意のうちに亡くなったのかもしれません。

ところが孔子の死後、彼の思想は次第に影響力を持つようになります。弟子たちによって編纂された『論語』が孔子の言行録として広く読まれていきます。

漢の武帝（在位ＢＣ１４１―ＢＣ87）の時代に董仲舒《とうちゅうじょ》（ＢＣ１７６頃―ＢＣ１０４頃）とその学派は天人相関論を唱えます。

天人相関論とは、人間の身体は天の全体を備えた小宇宙で、人間と天とは不可分である。天子が善政を行えば天も認め、天子がおろかなら災いが起こるという理屈です。このようにして天子（君主）の支配を天に支持されたものとして正当化するロジックを打ち出すことで、儒者は権力に取り入っていきました。

東漢（25—220）の大学者・鄭玄《じょうげん》（127—200）が五経（詩・書・礼・易・春秋）の注釈を行い体系化し、孔子の神格化を推し進めたことも歴史的に見て重要です。宗教的儀礼を備え、君主の称号も儒教に基づいて定められた「儒教の国教化」の完成は東漢の頃です。

孔子を批判した墨子の「兼愛」「非攻」「節葬」

孔子の死後、春秋時代は終わりを迎え、戦国時代（BC403—BC221）が始まります。春秋時代には春秋五覇と呼ばれる5人の君主が、交代で小国家群の秩序を取り仕切ります（会盟）。国際会議のようなものです。この5人の君主は東周を滅ぼそうとはしませんでした。

でも鉄器時代が本格的に始まって生産力が高まると話が変わってきます。有力な国はますます大きくなり、小さい国は大国に呑《の》まれて消えていきます。こうして戦国七雄と呼ばれる大国が、覇権を争う時代——BC403年に始まる戦国時代に突入します。

墨子は孔子の死後約70年経って生まれ、春秋時代末期から戦国時代初期にかけて活躍した思想家です。墨子は孔子の教えを学びましたがその思想に疑問を感じ、独自の考えを展開していきました。

戦国時代になると諸国間の抗争はさらに激化し、領土の拡大や他国の併合をめざす戦争が頻発します。この時代には農業生産力向上、人口増加とともに、大規模開発や戦争による環境破壊も進行していました。

孔子は現状肯定的で経済成長バンザイだと言いましたが、墨子は現状否定的でした。「せっせと働いて儲けて、それで何になるんや。国を大きくするために禿《は》げ山つくって、戦で人がいっぱい死んで、それで幸せになれるんか？」――墨子の発想はこういうものです。孔子とは対極的ですね。成長しなくても、堅実に守りを固めて生きていこう、と。

墨子は孔子の「仁」は「別愛」、つまり人によって差別をする愛だと批判し、「兼愛」というすべての人に対して平等な愛を説きました。身内重視や身分の貴賤《きせん》を重んじるのはやめよう、と。

また、墨子の「非攻」の思想は、戦乱の時

墨子

代にあって画期的なものでした。侵略戦争を否定する思想だからです。墨子は戦争の無意味さと残虐性を訴えます。戦争は人命を奪い、資源を浪費し、社会の安定をおびやかすのだから、やらんほうがええ、と。墨子は国家間の争いを平和的な手段で解決することを提唱し、防御のための戦争は認めつつも、侵略的な戦争は非難しました。

また「節葬」(簡素な葬儀)を提唱し、孔子の教えに基づく豪華な葬儀や長期の服喪も批判します。死者をうやまう気持ちは大切だけれども、そういうものは生産活動を妨げますからね。資源のムダ遣いを避け、実利的な観点から慣習を見直そうとしたわけです。

孔子や墨子が生きた時代にはほかにも多くの思想家が登場し、それぞれの教えを説きました。これらの思想家たちはのちに「諸子百家」と呼ばれます。

諸子百家の全盛期

諸子百家の全盛期は中国の戦国時代にあたります。この政治的な混乱が、逆説的に思想の自由な発展を促し、多様な哲学や学説が花開く土壌となります。諸子百家という言葉は、「諸子」つまり多くの思想家たちと、「百家」すなわち数多くの学派を意味します。

中国はヨーロッパよりもずっと巨大ですから、戦国七雄のなかには、いまのドイツやフランスより大きい国もありました。小さな都市国家なら君主が領内をざっと巡って「今日からこういう法律を出すから。ええな」と広めるやりかたでも通用していましたが、地理的に巨大な領地となるとまったく成り立ちません。でも人づてに伝言していくのでは、正確性に不安が残りますよね。そこで君主は漢字が書ける書記の存在を使うことにしました。

西周滅亡後、諸国に雇われていた金文職人（金文とは青銅器の表面に鋳込まれた、あるいは刻まれた文字のこと）の子孫たちは、その頃には各国で神様を祀る祭文や、君主の願文を書く祭祀官になっていました。「こいつらは文字が使える。文字を使って全土に伝えればええやないか」。君主は自らの命令を書記に伝達し、それを木簡や竹簡に筆記させ（紙はまだ完成していませんでした）、それを地方に持って行かせて読ませようと考案します。

こうして宮廷で高給とりになって良い暮らしをしていた祭祀官が、官僚に転じていきました。世界初の文書行政の始まりです。

でも官僚なんかやりたくないという人も出てきます。というのも漢字のプロだった書記たちの地位も、徐々に当たり前のものになり、初期の頃ほど選ばれし存在ではなくなっていったからです。中央集権体制のなかで官僚として国家組織に組み込まれ、王様に近い役職を得て政策を考えたりそれを文書にまとめたりするクラスになれたら、きっとプライドも満たされたことでしょう。でも大国の端っこのほうに配置され、本庁から来る指示の伝達役、おつかい程度の仕事しかできなかったら「は〜、つまらん。やる気がせえへん」と思う官僚も出てきます。俺は賢くて字も書けるのに、なぜこんな使いっぱしりをやらされなければいけないのか、と。

そういう人たちは町の金持ちに目を付けました。大きな国には大商人など富裕な階層がいました。辞職した祭祀官たちは持ち前の頭脳を活かして金持ちの補佐・指南役になったり、家庭教師になったり、さらには知識・学問を活かして自らの考えを示したりしていきます。そう、この人たちこそが諸子百家です。

この時代の思想家たちは自由に自分の考えを展開し、それを諸国で売り込むようになりみます。あわよくば一国の宰相や大臣になれるかもしれない、なりたい、と。ブルジョアが囲うだけでなく、各国の君主たちのなかにも、自国の繁栄と他国への優位性を確立するために思想家を登用するケースが出てきます。

諸子百家のなかでもっとも有名なのは儒家、道家、墨家、法家ですが、これらの主要な学派以外にも、名実の関係を探究した名家、外交術を専門とした縦横家、陰陽五行説を体系化した陰陽《いんよう》家、軍事戦略を研究した兵家などが存在しました。

いま少し触れましたが、この時代には、陰陽五行説も発展しています。陰陽五行説は、世界を陰と陽のふたつの力の相互作用として捉え、さらに木・火・土・金・水の５つの要素（五行）の循環によって万物の変化を説明しようとする思想です。この考え方は、のちの中国の思想や文化に大きな影響を与えました。

諸子百家の全盛期には、思想家たちが自由に議論を交わす場も存在しました。とくに有名なのが、数十万の人口があった斉の都・臨淄《りんし》の稷門《しょくもん》近くにあった学問の場です。ギリシャにはプラトンのアカデメイア、アリストテレスのリュケイオン、エジプトにはプトレマイオス朝のムーセイオンと「学問の殿堂」と言える施設がありましたが、中国にもあったわけですね。

城壁につくられた城門のひとつに稷門と呼ばれる門があり、この近辺にあった斉王の館に諸国から諸子百家が集まり、知の花を咲かせました。稷門のような場所は戦国七雄それぞれの都にもありました。優秀な人がほしければ、そういう人たちが集い、切磋琢磨《せっさたくま》する場所を作るしかないからです。

こうして諸子百家の時代には、各地から学者が集まり、活発な議論が行われました。孟子や荀子《じゅんし》、墨家の後継者たちも稷門で学んだとされています。

この思想の百花繚乱《りょうらん》の時代は、BC221年の秦による中国統一によって終わりを迎えます。秦の始皇帝（在位BC221―BC210）は法家思想を採用し、他の学派を弾圧しました。「焚書坑儒《ふんしょこうじゅ》」と呼ばれる事件では、儒教をはじめとする諸子百家の書物が焼かれ、学者たちが迫害されました。

――と言われているのですが、事実は違うのではないかと僕は思っています。焚書坑儒は、医薬や卜筮《ぼくぜい》、農事などの実用書を除く書物を焼いて、無数の儒家を生き埋めにした暴挙だと、その昔には教わったものです。

でも、秦漢帝国以降の中国史のなかでは、孔子を中心とする儒家や老子や荘子を中心とする道家の思想は生き続けているのに、墨家だけが長らく消えているんですね。そうなると焚書坑儒も、たいていの勢力に対しては見せしめ程度で、実際には墨家を狙いうちして潰したようにも思えるわけです。

なぜ墨家が叩かれたのか。現代政治にたとえるならば、儒家は自民党、墨家はドイツの緑の党みたいなものです。墨家の原則は（非）武装中立、専守防衛です。日本の戦後民主主義、左派的な感じもしますね。学級委員的と言ってもいいかもしれません。「経済成長よりも『清く、正しく、美しく』を重視しよう」ですから。でも、こういう人たちは世の中で主流派になっているでしょうか。むしろ少数派のことが多いですよね。だから墨家は秘密教団のようになっていきました。

イケイケドンドンを推し進めたい為政者からすれば目ざわりな墨家は、戦国時代には七雄からおさえつけられていきます。その総仕上げが、始皇帝の焚書坑儒だった――つまり墨家をはじめとした反体制思想抹殺プロジェクトだったのではないでしょうか。

史上まれにみる有能な政治家であった始皇帝が政策を進めていくにあたって、「こいつらは消したほうがええ」と考えるくらい有害無益、危険に思えたものを狙って消した。僕にはそう思えます。

孟子の性善説と荀子の性悪説の関係

少し先走りすぎたので話を諸子百家の時代に巻き戻します。

孔子以降の儒家といえば、孟子（ＢＣ３７２頃―ＢＣ２８９頃）の性善説と荀子（ＢＣ３１３頃―ＢＣ２３８頃）の性悪説が、中国の戦国時代に登場した二大思想として知られています。

孟子

孟子は、人間の本性は本来善であると考えます。彼によれば、人間は生まれながらにして善なる心（四端）――「惻隠《そくいん》の心」（思いやりの心）、「羞悪《しゅうお》の心」（恥じる心）、「辞譲の心」（謙譲の心）、「是非の心」（正邪を判断する心）の４つを備えているんですね。孟子は善なる心を育てれば、人は道徳的に正しい行動をとるのだと考えました。

一方、荀子は人間の本性は悪であると主張しました。「いやいや、人間は生まれながらにして利己的で、欲望に支配されやすい存在だろう」と。ただ荀子は同時に、人間には学習能力があって、教育や訓練によって善行を身につけることができると考えました。「人間の善性は生まれつきではない。あとから教育や努力によって獲得されるものだ」と。

孟子の性善説と荀子の性悪説は完全に対立しているのではなく、実は共通点があります。両者ともに人間は教育や修養によって道徳的に成長できると考えているからです。出発点が違うだけ、ということもできるでしょう。

両者の違いは、彼らが生きた時代や対象としていた人々の違いに起因していると言えるかもしれません。戦国時代の中国では文書行政が始まり、人々を上人(中央政府の役人)、中人(地方の役人)、下人(一般民衆)の三層に分類する考え方が広まっていました。

孟子の性善説は主に上人、つまり知識層や支配層を対象としていました。彼らは教育を受け、自ら学ぶ能力を持っていました。ゆえに内なる善性を引き出すことが可能だと孟子は考えたのでしょう。

一方で荀子の性悪説は主に下人、つまり一般民衆を対象としていたのです。彼らは教育を受ける機会が少なく、自発的に学ぶことが難しいのです。不満が溜まっていったら、いつ暴れるかもわからない。だからこそ外部からの教育や規律によって善行を身につけ、あるいは法律で取り締まる必要がある、と。こう考えると、両者は相補的な関係にあったと言えます。

革命を正当化する理論「易姓革命論」

孟子といえば、きわめて独創的な発想である「易姓革命論」にも触れないわけにはいきません。易姓革命論の核心は「天命」という概念です。

孟子は「天」(神)がひとりの人格者に国を治める命を下すと考えました。しかし、その王の子孫が悪政を行い、民衆が苦しむようになると、天は警告を発します。それが飢饉《ききん》や洪水といった自然災害のかたちで現れるのです。王がこの警告を無視し続けるとどうなるか。天は民衆に命じて反乱を起こさせ、王を交代させる——これが「易姓革命」の考えです。

「易姓」とは王の姓が変わること、つまり王朝が交代することを意味し、「革命」は天命が改まることを指します。それまでの中国では、王の権力は絶対的なものとされていました。ところが易姓革命論は、民衆の力によって王朝を交代させることを正当化します。人民主権なわけです。

ただ、孟子も「おまえは民衆に武力革命を起こせと言ってるんか」と理解されてはまずいと思ったからか、「禅譲」と「放伐」というふたつの方式を定めています。禅譲は君主が自分で非を認め、有徳の士に位を譲ることです。放伐は人民が君主を追い払い、滅ぼすことです。禅譲という方法論があるのに「武力で放伐した」とは言われたくないですから、中国ではだいたい前の君主を脅して禅譲させるほうがメインになります（禅譲の最後は10世紀の宋の建国です）。

漢王朝を建てた劉邦《りゅうほう》は、前王朝の秦の暴政を批判し、自らの革命を正当化するために孟子の易姓革命論を利用しました。また唐代（618—907）を打ち立てた李淵《りえん》も、同様の論理で自らの即位を正当化しています。

易姓革命論は、中国の歴史書の記述にも影響を与えています。前王朝の最後の君主は暴君として描かれる傾向があるんですね。皇帝が堕落してロクなことせえへんから天が命じてぶっ倒されたんや、という筋書きになっているわけです。そうして新しい王朝の正統性が打ち出される。たとえば商（殷）王朝最後の王である帝辛（紂王《ちゅうおう》）は、周の文王・武王との対比で極端な暴君として描かれています。

孟子の易姓革命論は、18世紀のフランスの思想家ジャン＝ジャック・ルソーの社会契約説とも類似点があると言えます。両者ともに、為政者が人民の生存権を守れない場合、人民には反抗する権利があるとしているからです。

ただし孟子は「王道」と「覇道」を区別していました。王道とは仁の力で国を治めることを指し、覇道は実力で人民を支配することを意味します。彼は「理想的な政治は王道や」と考え、人々の生活安定を第一に考える思想家でもありました。

易姓革命論の評価が大きく高まったのは宋代だと見られています。朱熹《しゅき》（朱子）（1130—1200）が儒教の根本的な経典として、『大学』『中庸』『論語』『孟子』を四書として定めたことで、孟子の思想が儒教の中核として位置づけられるようになったからです。

「天人相関説」を否定した荀子

荀子

性悪説を唱えた荀子も、重要な思想家です。中国戦国時代後期の儒家の思想家である彼は、多くの点で孟子とは異なる見解を持っていました。荀子は孟子が唱えた「天人相関説」も否定しています。このふたりは対比で見ていくとおもしろいのです。

「天人相関説」とは、天（自然や神）と人間の行為には密接な関係があるという思想です。これが易姓革命論のベースになっています。

ところが荀子はこの考えを否定します。「流れ星や大嵐みたいな自然現象は単なる自然の出来事や。人間の行為と何の関係がある？　はあ？　雨乞いの儀式をしたあとで雨が降った？　そんなん偶然の一致やで。だって儀式を行わなくても雨は降るときには降るし、拝んでも降らへんときは降らへんやないか」と。当時としては斬新で、合理的な思想です。

荀子の合理主義的な思考は、「天人相関説」の否定だけでなく、人間性に対する見方にも表れています。彼は「青は藍《あい》より出でて藍より青し」という言葉を残し、ちゃんと教育を受ければ生徒が師を超えることもできると説きました。儒教は「年上はえらい、うやまえ」という考えですが、荀子の「師匠を超えられる」は言い換えると「年上だって必ずしもいつまでもえらくてすごいとは限らない」と同じですね。

荀子の弟子である韓非《かんぴ》は合理主義的な考えを発展させ、法治主義の基礎を築きます。また、もうひとりの弟子である李斯《りし》は秦の始皇帝の宰相となり、中国初の統一国家である秦帝国の制度設計に貢献しました。

法治主義を主張した韓非

韓非（?—ＢＣ２３３）は中国戦国時代末期の思想家で、法家思想を完成させた人物として知られています。彼は戦国七雄のひとつである韓の出身で、当時最小国であった韓が強国秦に脅かされるなか、国家の存続と強化のための思想を展開しました。

文書行政はおそらく最初は、王様が民衆に向けて「おまえら、麦を差し出せ」といった命令を書き出すことから始まりました。でも国家運営上のもろもろについて、いちいち毎

韓非

回命令を書くよりも、ルールをつくって「今後、毎年麦を１００束持ってくること。王がそれ以上に必要と判断した場合には、改めて王より命令を出す」と決めたほうが効率的です。

「こういう悪いことをしたら、こんな刑罰に処す」「年貢はこれくらい」「戦争になったら兵隊を何人出せ」というように法律を作って、従わせるかたちで治めたほうがラクですよね。こうすれば広大な国で文書行政がさらに合理化できる、と。これが法家で、その代表が韓非です。

始皇帝は韓非の著書『韓非子』を高く評価し、法家の思想に基づいて中央集権的な統治体制を確立しました。始皇帝はＢＣ３世紀に「朕ひとりで世界を治めたる」と法治国家を築いた大天才です。

こうして法家を採用した始皇帝がのちのちまで続く中国のグランドデザインを築いたのですが、国としては、法治以外に何か社会の基盤となる教えが必要でした。なぜなら官僚主義のリアリズムだけでは恰好《かっこう》がつかないし、社会秩序を維持するには法律だけでなく内面的な規範、つまり道徳が人々に備わっていたほうがいい。そこで採用されたのがおそらく儒教だったのです。儒家の教えでは、ルールやマナーの類《たぐい》のことが数多く説かれています。

韓非が大成した法家の思想は、表向き儒教が国教とされたあとも、実際の政治運営の基礎として機能し続けました。孔子や墨子、老子の思想は決して中国の「主流」にはなりませんでした。主流は法家です。なぜなら広い国を文書行政で治めようと思ったら、法律に頼るしかないからです。

なお、韓非自身の人生は悲劇的なものでした。彼は自国・韓の王に何度も政策を提言しましたが受け入れられなかったのです（この点は孔子と似ていますね）。だから秦の王（後の始皇帝）に献策しようとしたのですが、同じく荀子の弟子であった李斯の妬みを買って陰謀に巻き込まれ、死罪となっています。

無為自然を説いた荘子

儒家、法家と並んで重要なのが道家です。

よく「老荘思想」と言われますが、諸子百家では道家と呼ばれ、その祖が老子です。老子の生没年は不明であり、実在を疑う向きもありますが、儒家の祖である孔子と同時代の

老子

人と言われています。老子の教えを受け継いだのが荘子です。

荘子（?—BC286頃）もまた中国戦国時代の思想家で、道家思想を代表する人物のひとりです。彼は孟子とほぼ同時代を生きましたが、その思想は孟子やほかの儒家の思想家たちとは大きく異なっていました。

荘子の中心的な思想は「無為自然」です。人為的な努力や干渉を排し、自然の流れにまかせて生きるべきだ、という考え方です。何もせんでええ、人間は心を自由にして遊びの精神を大切にすればいい、自我は捨てて万物の絶対性に従って無為に生きればいい、と。

孟子や荀子が教育や理想の政治について真剣に議論している一方、荘子は人生を楽しめ、と言うのです。彼の思想は「逍遥遊《しょうようゆう》」と呼ばれ、束縛から解放されることを理想としました。

荘子の思想は、ある種の実存主義的な側面も持っていました。自分にとって唯一確実な存在は自分自身である、俗世のことは無視していい、と。世捨て人みたいな印象を受けるでしょう。そのとおりで、頭はいいけど競争に疲れた知識人などのあいだで人気を博します。

荘子の思想が大きな影響力を持つようになったのは、彼の死後しばらくしてからでした。3世紀後半の三国時代の終わりから晋《しん》の時代にかけて、荘子の思想は知識人のあいだで大きな支持を得ます。この時期に政治的な混乱を避けるために郊外の竹林に隠れ住み、自由で世俗を超越した議論（清談）を交わす「竹林の七賢」と呼ばれる人々が現れました。彼らの思想の基盤となったのが無為自然の考えでした。

荘子

道家思想の始祖とされる老子の思想を継承

した荘子の思想は、その後、道教にもつながっていきます。道教は道家思想に神仙思想や陰陽五行説が結びついて生まれた宗教で、中国の伝統的な三教（儒教、仏教、道教）のひとつとなりました。

日本ではとくに平安時代以降、荘子の思想が受容され、「諸行無常」という仏教の考え方と結びつきます。その後も「賢《さか》しらなはからいはやめて、流れに身をまかせればいい」「ムリに背伸びしなくていい、あるがままが一番」といった老荘思想的な考えは、現代に至るまで一定の支持を受けています。

中国社会のベースにある、儒家、法家、道家の「棲み分け」

中国の長い歴史において儒家、法家、道家という3つの主要な思想はたんに「対立」しているのではなく「棲み分け」ていると見るべきです。

法家を重視し、法治主義を完成させた始皇帝の考えは「一君万民」でした。皇帝ひとりが特別、あとはみんな法のもとでは平等だと。日本や欧州のように各地をまかせる領主、諸侯のような中間層が育たない制度です。始皇帝は法治主義ですが、「人民の細かいところにまでは立ち入らんでええ」と泳がせておいたのです。皇帝ひとりで慣習や文化が異なる人たちを丁寧にケアするのは難しいですからね。

でものちの時代には儒教や仏教が国教化されます。なぜそうなるのか。先ほども言いましたが、支配者を権威付け、民衆を支配する、あるいは民衆が自発的に従うようになるには、生き方、死生観に関わる規範を人々に提供してくれるものがあったほうがいいからです。仕事の進め方は法家的なスタイルがやりやすい、でも儒教という価値観があるとなお統治がしやすい。

現代の中国共産党はどうでしょうか。広い領土を支配するのに使っているのは法治主義的なシステム、巨大な官僚組織です。無神論を標榜する一方で、人民には「政府に反抗的なヤバいやつを除けば、どんな宗教を信じてもかまへん」というのが基本的なスタンスです。そして近年では儒教を推奨しています。もうわかりましたね。これはルーツを求めていけば秦の始皇帝が描いたグランドデザインにいきつくのです。

中央がすべてを取り仕切って、官僚を送って文書行政で統一的に支配するという法家的なスタンスが国の基盤にある。でも政府は人民に対してはきれいごと、儒家的な高度成長を謳う。それを真に受けて従順に生きる人々もいれば、墨家のように左派的なことを言って批判する人もいる。対して、それらのいずれからも距離を取っている知識人は、中国共産党のことも商売人のことも冷ややかに見つめる老荘（道家）である——こう見ると中国社会の構図は基本的には昔から不変だという気がします。

儒家、法家、道家の三すくみ、棲み分けが中国のベースにあるのです。

合理主義者、王安石の改革

中国思想史においては、11世紀の中国、宋王朝の時代に登場した王安石を紹介しておきましょう。彼は散文の「唐宋八大家」のひとりにかぞえられる文人であり、学者として一流であるばかりか、合理主義に基づいた大胆な改革を行った名宰相としても知られています。王安石は1021年に生まれ、1086年に亡くなりました。偉大な儒学者、大儒として孔子廟に合祀されました。

高潔な人格者でもあった王安石が活躍したのは、宋の第6代皇帝である神宗（在位1067—1085）の時代です。神宗は若くして即位し、国家の財政難や軍事的脅威などに直面していました。そんななかで王安石は「万言書」という政策提言書を神宗に提出し、抜擢《ばってき》されます。

王安石の改革は「新法」と呼ばれます。経済面では農民や零細商人を救済するための

「青苗法《せいびょう》」を実施します。これは国が低利で種籾《たねもみ》代金を貸し付ける制度で、高利貸しから農民を守ることを目的としていました。

また、「市易法」という制度も導入して零細商人の支援も行いました。さらに「均輸法」という政策も実施します。物資の輸送と価格を国が管理して、大商人による独占や買い占めを防ぎ、物価の安定を図ったのですね。当時の中国では江南地方から首都の開封《かいほう》に物資が運ばれていましたが、この過程で大商人が利益を独占していたからです。

王安石

しかし王安石の改革は、斬新さゆえに保守派から強い反発を受けます。大地主や大商人たちは自分たちの利益が損なわれることを恐れて抵抗したのです。王安石は独占を排除して中間層を育てようとしていたわけですから、牛耳ってきた勢力からすれば全力で追い落としたいわけです。その結果、王安石の改革は完全には実現せず、ついには宰相の座を5年で追われます。

王安石の考えた「新法」に対し、それに反対する人々の政治を「旧法」と言います。彼の政策は全分野で整合的かつ具体的でした。一方の旧法は、アンチ新法にすぎず、まともな政策も理屈もなかったのです。大地主や大商人に甘い汁を吸わせる以外の目的がないわけですから、当たり前ですよね。

旧法の代表者・司馬光は「国家が貸付などの商売をするのはおかしい」などといった儒教的、理念的な論陣を張るのがせいぜいでした。もっとも司馬光はすぐれた文化人で、歴史書として名高い『資治通鑑《しじつがん》』の編著者でした。政治を離れれば、司馬光と王安石は互いをリスペクトし合っていたと言われています。

王安石の改革は、科挙の試験内容を変更したことなどがのちの中国の知識人社会に長期的な影響を及ぼしています。科挙を人材登用制度として完成させるため、それまでの試験の内容が詩賦《しふ》（詩や韻文）中心であったのを経典（儒学の四書五経）中心に切り換え、周礼《しゅらい》などの注釈書を自らつくりました（『三経新義』）。この書は科挙受験者の必読文献となります。王安石の中央集権化、法制度の整備、経済の管理などはのちの時代の発展につながったとも言えます。

儒教のイデオロギー化とその負の側面

王安石の合理主義は、南宋の時代になって孔子廟から王安石が取り除かれ、代わりに朱熹が入ったときに終わりを迎えました。朱熹は合理化、近代化へ向かうかに見えたあゆみを逆回しにして、朱子学というイデオロギー色の強い学問を提唱した人物です。この「儒教のイデオロギー化」は突然起こったわけではなく、宋代に顕著になっていったものです。

それまでの中国では、難関の科挙は立身出世の象徴でした。若者たちが10年も20年もかけて学んで挑戦する試験でした。トップで受かれば宰相になれ、優秀な成績だったら重臣になれる。そういう公平なしくみでした。だからこそ夢を持って必死に勉強に励んだのです。

でも大元ウルスは、それをやめました。外国語ができない人間は出世できなくなります。「今まで一生懸命勉強してきたのに、クビライのせいで人生めちゃくちゃや」となりました。士大夫たちは恨みを抱きながら、食っていくために江南に流れ、富裕な商人や貴族の子弟の家庭教師になったりして、どうにか生きてい

朱熹

くしかなくなりました。

こういう士大夫たちから隆盛していったのが朱子学です。

朱子学は、儒教をより形而上学《けいじじょうがく》的な方向に発展させました。朱熹は世界の基本原理として「理」と「気」を提唱し、これらを通じて宇宙の秩序と人間社会の道徳を説明しようとしました。史上初めて儒教を道徳哲学から宇宙論を含む包括的な思想体系へと変えたのです。

儒教の体系化を成し遂げた朱熹はたしかに偉大な学者なのです。『論語』に対して何晏《かあん》（190頃—249）や皇侃《こうかん》（488—545）らがつけた伝統的な注釈を「古注」、朱熹がつけた注釈を「新注」と呼ぶくらい画期的なものでした。

でも同時に、歴史の見方や考え方にイデオロギーを持ち込んだ点では問題がありました。たとえば『三国志』の解釈ひとつとっても、漢が滅亡したあとの中国では、魏晋《ぎしん》南北朝という言葉が示すように、魏が正統政権であることは言うまでもないことでした。しかし朱子学は「劉備《りゅうび》の一族は漢王室とつながりがある。だから蜀《しょく》が正統政権だ」と言うのです。

なぜそんなことを言うのか。南宋の士大夫たちはどういう人たちでしたか？　そう、中国が江南の地に追いやられて、華北が金やモンゴルに支配されていると怒り、嘆いている人たちです。その恨みがましい心性や異民族ぎらいが朱子学に反映されているわけです。ですからクビライの政策もそういう発想で評価する。客観的に見れば、銀が循環するようになって景気が良い状態が続き、大衆の生活レベルも向上したのに、朱子学は「嗚呼《ああ》、外国の商人によって中国がつくりし陶磁器や絹が外の世界へ流れ、われわれは貴重なものを失っている」と捉えます。「見てみい、内閣には外国人が入っていて中国人のポストは少ないやないか。こんなんおかしい。『真の中国』を取り戻すべきなんや」――朱子学イデオロギーの信奉者が南宋には増えていきます。今でもよく聞くような理屈です。

そして南宋では、合理主義者であった王安石が孔子廟から追われ、代わって現実を見ない頭でっかちな朱熹が「孔子の正統な後継者である」という地位に就いてしまいます。朱子学の影響は朝鮮半島や日本にも及び、とくに朝鮮では朱子学がやはり国家イデオロギーとして採用され、社会のあらゆる面に浸透しました。日本でも江戸時代に朱子学が幕府の公式学問として採用され、武士階級の教育に影響を与えます。

儒教のイデオロギー化は、当然ながら負の効果をもたらしました。新しい思想や科学技術の受容を妨げる要因となることにつながっていくのです。明代後期から清代にかけて西洋の科学技術や思想が中国に伝わり始めた際には、儒教的世界観との衝突が生じています。

19世紀末から20世紀初頭にかけて中国が西洋列強の圧力に直面する中で、イデオロギー化した儒教は近代化の障害として批判されるようになります。1919年の五・四運動では、儒教批判が運動の中心的なテーマのひとつとなりましたが、なぜそうなったのかを考えるうえでは、朱子学がしたことを理解する必要があるでしょう。

実は信者が多い民間信仰、関羽教（関帝信仰）

中国の民間信仰のなかでもとくに興味深いのが、「関羽教」（関帝信仰）と呼ばれる民間宗教です。関羽教は三国時代（220―280）の武将である関羽を神格化し、崇拝する信仰です。関羽は蜀の劉備に仕えた人物です。彼は生前から勇猛さと忠義の象徴として知られていましたが、死後に名声がさらに高まり、やがて神として崇められるようになりました。

関羽の神格化は、唐代から始まったとされています。当初は武神として祀られていましたが、時代とともに神格が拡大していき、商売の神、財神、さらには学問の神としても信仰されるようになりました。宋代以降、関羽信仰は急速に広まり、明代には国家の正式な祭祀の対象となりました。

渡邉義浩の『関羽 神になった「三国志」の英雄』（筑摩選書）によれば、横浜にある関帝廟が華人の寄進によって建てられたように、世界のあちこちで華人の人的ネットワークの中心に廟が安置されています。華人ネットワークの「義」と「信」を体現するものが関帝廟だというのです。関羽はたとえ敵の曹操でも信義で結ばれている者は命をかけて助ける「義」の神様です。儒教の「仁」の教えは家族を一番にした同心円状の人間関係を説き、言ってみれば「身内が大事」ということなのですが、「義」は違います。義神は赤の他人であっても信義を結びさえすれば尽くし、手を差し伸べるのです。

関羽

関羽教の特徴は、その多面的な性格にあります。武神としての側面は、軍人や警察官に信仰されています。彼らは関羽の勇気と忠誠心を尊敬し、自分たちの職務の守護神として崇めています。一方、商人たちは関羽を商売の神、財神として信仰しています。これは、関羽の生前の誠実さと信義を重んじる性格が、商売における信用の重要性と結びつけられたためです。

儒教では伝統的に商売人はおとしめられてきましたが、義神・関羽はそうではありませんでした。また、学問の神としての関羽の側面は『春秋左氏伝』を暗唱したという逸話に基づいています。この逸話から、関羽は知識と学問を重視する人物としても認識され、学生や受験生からも信仰を集める——清代には儒教の神としても祀られるようになったのです。

関羽教の信者数は正確には把握されていませんが、中国本土だけでなく、台湾、香港、マカオ、さらには東南アジアの華人社会にも広く浸透しています。台湾では関羽を祀る廟が数多く存在し、多くの人々が参拝に訪れています。関羽教は儒教、道教、仏教の要素を取り入れているのもおもしろいところです。関羽は儒教的な忠義の象徴であり、道教的な神格化の対象となり、仏教の護法神としても崇められています。

現代中国では関羽教は公式には宗教として認められていませんが、文化的伝統や民俗信仰として扱われ、一定の寛容度をもって受け入れられています。中国政府も関羽を中華文化の象徴として位置づけ、愛国主義教育にも活用しています。

第8章

世界の宗教勢力図は どのように変わっていくのか？

２０５０年の宗教勢力図

アメリカの調査機関、ピュー・リサーチ・センターが示した２０１０年から２０５０年にかけての予測によると、世界の宗教人口の構成に大きな変化が見込まれています。

同センターの発表している資料を元に、この本で紹介してきた宗教別に今後起こりうる変化を整理してみましょう（なお、今後のことについて何度も「予測されています」「予想されています」「見込みです」などと書くと回りくどくて読みづらいですから、ここでは「増加します」「減少します」などと言い切るかたちにします。しかし、あくまで予測である前提で読んでください）。

キリスト教徒

現在、世界でもっとも信者の多い宗教であるキリスト教は、２０１０年時点で約22億人、世界人口の約31％を占めていました。２０５０年までには29億人に増加しますが、世界人口に占める割合は31％と変わりません。もっとも、キリスト教は大別して新教・旧教（ローマ教会）・東方教会に分かれており、人口比で見れば、無宗教、イスラーム教スンニ派、ローマ教会の順になります。

**キリスト教徒の地域分布の変化
（2010年と2050年の比較）**

	2010年における世界のキリスト教徒人口の割合（％）	2050年における世界のキリスト教徒人口の割合（％）
ヨーロッパ	**25.5**	15.6
ラテンアメリカ・カリブ海地域	24.5	22.8
サハラ以南のアフリカ	23.9	**38.1**
アジア太平洋地域	13.2	13.1
北アメリカ	12.3	9.8
中東・北アフリカ	0.6	0.6
合計	100.0	100.0

出典：「The Future of World Religions: Population Growth Projections, 2010-2050」ピュー・リサーチ・センター
※数値は四捨五入のため合計が100％にならない場合があります。

ただ地理的分布は変化していきます。2010年には、世界のキリスト教徒の約4分の1がヨーロッパ（26％）、ラテンアメリカおよびカリブ海地域（25％）、サブサハラ（サハラ以南）のアフリカ（24％）に住んでいました。しかし2050年までにはサハラ以南のアフリカがキリスト教徒の最大の集中地域となり、世界のキリスト教徒の38％を占めます。

一方、ヨーロッパのキリスト教徒の割合は大幅に減少し、2050年には世界のキリスト教徒の16％にまで落ち込みます。ラテンアメリカおよびカリブ海地域（23％）、北アメリカ（10％）の割合もわずかに減少します。

この変化は各地域の人口動態の違いに大き

く起因しています。サハラ以南のアフリカでは、キリスト教徒の人口が２０１０年の約５億人から２０５０年には10億人以上に増加します。これは１１５％の増加率であり、地域全体の人口増加率１３１％をやや下回るものの、他の地域と比べると非常に高い成長率です。

対照的に、ヨーロッパはキリスト教徒の絶対数が減少する唯一の地域です。２０１０年に5億５３００万人だったヨーロッパのキリスト教徒人口は、２０５０年には4億５４００万人に減少します。割合ベースで見ても75％から65％に減少します。

北アメリカでも、キリスト教徒の増加率（８％）は地域全体の人口増加率（26％）を大きく下回ります。これは無宗教者の増加や他の宗教の伸びが要因として考えられます。

このような地理的中心の移動は、キリスト教の性質や実践にも大きな影響を与える可能性があります。アフリカのキリスト教は、しばしば伝統的なアフリカの宗教要素と融合した独特の形態を取ることがあります。また、ペンテコステ派やカリスマ派など、より情熱的で直接的な信仰体験を重視する教派が急成長しています。

アフリカの経済発展とキリスト教の成長は密接に関連しており、教会が社会サービスや教育の提供で重要な役割を果たしている地域も多くあります。対照的にヨーロッパでは教会の社会的影響力の低下が続いています。あるいはいずれアメリカの外交政策において、アフリカのキリスト教徒の利益がより重要視されるようになる日が来るかもしれません。

同時にイスラーム教との関係も重要な課題となるでしょう。サハラ以南のアフリカでは、キリスト教とイスラーム教の両方が成長しており、両者の関係が地域の安定に大きな影響を与える可能性があります。

キリスト教の地理的中心の変化は、教会の指導者層にも影響を与えています。ローマ教会では、アフリカやラテンアメリカ出身の枢機卿の数が増加しています。２０１３年に選出されたフランシスコ教皇は、アルゼンチン出身の初の非ヨーロッパ系教皇であり、この傾向を象徴しています。ただ、急速に成長するアフリカのキリスト教会では、しばしば資源や訓練を受けた指導者の不足に直面しています。

ヨーロッパでは、アフリカやアジアからのキリスト教徒移民が、地域のキリスト教の性格を変えつつあります。これらの移民教会は、しばしば伝統的なヨーロッパの教会よりも活気に満ちており、新たな活力をもたらす可能性もあります。

イスラーム教徒

イスラーム教は急速に成長しており、２０１０年には約16億人だった信者数が、２０５０年には約28億人に達します。世界人口に占める割合は２０１０年の23％から２０５０年には30％に上昇し、キリスト教とほぼ同規模になるでしょう。

イスラーム教徒の人口増加は主に高い出生率と若年人口の多さによるものです。２０１０年から２０１５年の期間において、イスラーム教徒の合計特殊出生率（ＴＦＲ）は３・１でした。これは世界全体の平均（２・５）よりもはるかに高く、人口置換水準（２・１）を大きく上回っています。とくにサハラ以南のアフリカでは、イスラーム教徒の女性は平均して他の地域より１人多く子どもを生んでいます。

地域別で見ると、２０１０年に世界のイスラーム教徒の62％はアジア太平洋地域に住んでいましたが、２０５０年には53％に減少。一方で、サハラ以南のアフリカの割合が16％から24％に増加します。

そもそも21世紀中にはサハラ以南のアフリカ以外の世界のすべての地域で人口減少が起こると予想されている点は、今後の宗教地図の変化のベースとして認識しておくべきでしょう。

**イスラム教徒の地域分布の変化
（2010年と2050年の比較）**

	2010 年における世界のイスラム教徒人口の割合（%）	2050 年における世界のイスラム教徒人口の割合（%）
アジア太平洋地域	**61.7**	**52.8**
中東・北アフリカ	19.8	20.0
サハラ以南のアフリカ	15.5	24.3
ヨーロッパ	2.7	2.6
北アメリカ	0.2	0.4
ラテンアメリカ・カリブ海地域	＜ 0.1	＜ 0.1
合計	100.0	100.0

出典：「The Future of World Religions: Population Growth Projections, 2010-2050」ピュー・リサーチ・センター
※数値は四捨五入のため合計が 100%にならない場合があります。

中東・北アフリカ地域は２０１０年時点で世界のイスラーム教徒の約20％が住んでいましたが、２０５０年にも同様の割合（20％）を維持します。この地域の人口に占めるイスラーム教徒の割合は、２０１０年の93％から２０５０年には約94％に微増します。

ヨーロッパでは主に移民の影響によってイスラーム教徒の割合が２０１０年の約６％から２０５０年には約10％にほぼ倍増します。すでに２０１０年から２０１５年のあいだに、約１００万のイスラーム教徒が移住したと推定されています。

北米でもイスラーム教徒の人口割合が２０１０年の１％から２０５０年には２％に増加します。

注目されるのは、世俗主義との緊張関係です。トルコのように長年世俗主義を国是としてきた国でも、近年はイスラーム的価値観の復権が見られます。

ヒンドゥー教徒

2010年時点でヒンドゥー教徒の人口は約10億人で、世界人口の約15％を占めていました。2050年までには約14億人に増加します。この増加は世界全体の人口増加とほぼ同じペースで進み、2050年も世界人口の約15％を占めます。

2010年時点でヒンドゥー教徒の94％がインドに集中していました。同年にはインドの人口の約80％がヒンドゥー教徒です。2050年においてもインドは引き続きヒンドゥー教徒の大多数が居住する国となるでしょう。

ただし2010年には世界のヒンドゥー教徒の99％がアジア太平洋地域に住んでいましたが、2050年にはわずかに他の地域でヒンドゥー教徒の割合が増加します。とくに北アメリカのヒンドゥー教徒の割合が2010年の約0・2％から2050年には0・4％に増えるでしょう。これは北米の大手テック企業のトップにインド系が多いことを思えば、納得できますよね（インドだけでなく、ネパールからの移民も多いのですが）。

ヒンドゥー教徒の地域分布の変化（2010年と2050年の比較）

	2010 年における世界のヒンドゥー教徒人口の割合（％）	2050 年における世界のヒンドゥー教徒人口の割合（％）
アジア太平洋地域	**99.3**	**98.9**
北アメリカ	0.2	0.4
中東・北アフリカ	0.2	0.3
サハラ以南のアフリカ	0.2	0.1
ヨーロッパ	0.1	0.2
ラテンアメリカ・カリブ海地域	0.1	＜ 0.1
合計	100.0	100.0

出典：「The Future of World Religions: Population Growth Projections, 2010-2050」ピュー・リサーチ・センター
※数値は四捨五入のため合計が 100％にならない場合があります。

出生率も重要な要因です。２０１０年から２０１５年の期間におけるヒンドゥー教徒の合計特殊出生率（ＴＦＲ）は２・４で、世界全体の平均（２・５）とほぼ同じレベルでした。ただアジア太平洋地域では２・４、ヨーロッパでは１・５となっています。インドのヒンドゥー教徒の出生率は２・５で、世界全体のヒンドゥー教徒の平均とほぼ同じです。

なぜアジアとヨーロッパでヒンドゥー教徒の出生率に差が大きいのか。人口学の研究では、移民は移民した先の出生率に近づいていくことがわかっています。つまり子だくさんの地域から欧米先進国や東アジア諸国のような出生率が低いところに移住すると、移民一世や二世は子どもをたくさん作らなくなるの

が普通です（ただし、ユダヤ教の超正統派のような強い宗教規範などによって避妊や中絶を禁止している場合を除きます）。

仏教徒

２０１０年時点で世界の仏教徒人口は約４億８８００万人、世界人口の約７％を占めていました。２０３０年頃までは仏教徒の数が増加し、約５億１１００万人に達したあとは減少に転じ、２０５０年には約４億８６００万人と、２０１０年とほぼ同じ水準に戻り、全人口に占める割合は５％に減少します。

２０１０年時点では世界の仏教徒の99％がアジア太平洋地域に集中し、とくに中国には2億４４００万人が住み、世界の仏教徒の半数近くを占めていました。２０５０年においても、アジア太平洋地域が98％を占めます。

一方、他の地域では仏教徒の人口が増加します。北米では２０１０年の３９０万人（北米の人口の１・１％）から２０５０年には６１０万人（１・４％）に増加。ヨーロッパでは２０５０年には２５０万人（総人口の０・４％）に、中東・北アフリカ地域では１２０万人（地域人口の０・２％）となり、これは２０１０年から倍増することになります。

仏教徒の地域分布の変化（2010年と2050年の比較）

	2010 年における世界の仏教徒人口の割合（％）	2050 年における世界の仏教徒人口の割合（％）
アジア太平洋地域	**98.7**	**97.9**
北アメリカ	0.8	1.2
ヨーロッパ	0.3	0.5
中東・北アフリカ	0.1	0.2
ラテンアメリカ・カリブ海地域	＜ 0.1	＜ 0.1
サハラ以南のアフリカ	＜ 0.1	＜ 0.1
合計	100.0	100.0

出典：「The Future of World Religions: Population Growth Projections, 2010-2050」ピュー・リサーチ・センター
※数値は四捨五入のため合計が 100％にならない場合があります。

２０１０年から２０１５年の期間における仏教徒の合計特殊出生率（ＴＦＲ）は１・６で、世界全体の平均（２・５）を大きく下回っています。中国や日本など東アジアの低い出生率を思えば納得ですね。東南アジアでも出生率低下は進行しています。

２０１０年時点で仏教徒は世界の人口全体（中央値28歳）よりも高齢であり（中央値34歳）、30歳以上の仏教徒の割合が半数を超えていました。これがさらに高齢化していきます。

２０１０年から２０１５年のあいだに、約50万人の仏教徒が異なる地域に移動したと推定されています。主な移動先は中東・北アフリカ地域（16万人）、北アメリカ（15万人）、

ヨーロッパ（11万人）です。これらの移民パターンは今後数十年間にわたって続きます。

近年、北米やヨーロッパでは、瞑想やマインドフルネスなど、仏教に起源を持つ実践が人気を集めています。これらの実践は、必ずしも「仏教徒」としてのアイデンティティを伴わずに広がっており、仏教の影響力は公式の仏教徒人口統計以上に大きいとしばしば言われています。

ユダヤ教徒

2010年時点で、世界のユダヤ教徒人口は約1400万人。世界人口の0・2％です。2050年には約1600万人に増加します。ただ世界人口全体も増加するため、世界人口に占める割合は2050年でも0・2％です。

2010年時点では世界のユダヤ教徒の44％が北アメリカ、41％が中東・北アフリカ地域（主にイスラエル）に集中していました。残りの大部分はヨーロッパ（10％）とラテンアメリカ・カリブ海地域（3％）です。

2050年までには中東・北アフリカ地域、つまり主にイスラエルが世界のユダヤ教徒人口の過半数（51％）を占める一方、北米の割合は37％に減少、ヨーロッパでも減少して

ユダヤ教徒の地域分布の変化（2010年と2050年の比較）

	2010年における世界のユダヤ教徒人口の割合（%）	2050年における世界のユダヤ教徒人口の割合（%）
北アメリカ	**43.6**	36.8
中東・北アフリカ	40.6	**50.9**
ヨーロッパ	10.2	7.5
ラテンアメリカ・カリブ海地域	3.4	2.8
アジア太平洋地域	1.5	1.5
サハラ以南のアフリカ	0.7	0.4
合計	100.0	100.0

出典：「The Future of World Religions: Population Growth Projections, 2010-2050」ピュー・リサーチ・センター
※数値は四捨五入のため合計が100%にならない場合があります。

８%未満になります。

イスラエルでは、ユダヤ教徒人口が２０１０年の５６０万人から２０５０年には約８１０万人と約２５０万人増加します。一方、アメリカでは２０１０年の５７０万人から２０５０年には５４０万人に減少します。

２０１０年から２０１５年の期間におけるユダヤ教徒の合計特殊出生率（ＴＦＲ）は２・３で、世界全体の平均（２・５）よりもやや低いものの、人口置換水準（２・１）を上回っています。しかし中東・北アフリカ地域では２・８と高い一方、ヨーロッパでは１・８、北アメリカでは２・０です。

イスラエルに住む超正統派のユダヤ教徒は「産めよ、増えよ、地に満ちよ」の教えをま

もって避妊や中絶もしませんから、結果としてイスラエル全体の出生率は3を超える（超正統派に限ればなんと6以上）、先進国では例外的な高さとなっています。

また、宗教の変更も重要な要因です。アメリカではユダヤ教から他の宗教や無宗教への移行が進んでおり、これがユダヤ教徒人口の減少につながっています。ピュー・リサーチ・センターによると、アメリカのユダヤ人の約22％が自分を「ユダヤ教徒」ではなく「ユダヤ系」と認識しており、この傾向は若い世代でより顕著です。

アメリカやヨーロッパでのユダヤ教徒人口の相対的な減少は、これらの地域でのユダヤ系組織や機関の運営に影響を与える可能性があります。

その他の宗教

ここで言う「その他の宗教」にはバハイ教、ジャイナ教、シク教、道教など、多くの小規模な信仰が含まれています。

２０１０年時点でこれらの「その他の宗教」の信者数は約５８００万人、世界人口の１％未満です。２０５０年までには約６１００万人以上と少し増加します。

とはいえ世界人口全体の成長率と比較すると増加率は低く、２０５０年には世界人口の

その他の宗教の地域分布の変化
（2010年と2050年の比較）

	2010年における世界のその他の宗教人口の割合（%）	2050年における世界のその他の宗教人口の割合（%）
アジア太平洋地域	**89.3**	**79.2**
北アメリカ	3.8	10.6
サハラ以南のアフリカ	3.3	6.1
ラテンアメリカ・カリブ海地域	1.7	1.9
ヨーロッパ	1.5	1.8
中東・北アフリカ	0.4	0.4
合計	100.0	100.0

出典：「The Future of World Religions: Population Growth Projections, 2010-2050」ピュー・リサーチ・センター
※数値は四捨五入のため合計が100%にならない場合があります。

約0・6%で、2010年の0・8%から若干減少します。

2010年から2015年の期間における「その他の宗教」の信者の合計特殊出生率（TFR）は1・7で、世界全体の平均（2・5）を下回っています。

多くの場合、これらの宗教は特定の地域や文化圏に集中しています。シク教はインドのパンジャーブ州を中心に広がっており、道教は中国や台湾で主に信仰されています。バハイ教は世界中に信者がいますが、イランやインドで多くの信者を持っています。

これらの宗教の多くは、グローバル化や近代化の影響を受けて変化しています。バハイ教は世界平和や人類の一体性を強調する教え

を持ち、現代社会の課題に対応しようとしています。

シク教は、インド以外の国々でもコミュニティを形成して教えを広めています。また、シク教の寺院（グルドワーラ）では、カースト制度に関係なくすべての人に無料の食事を提供する「ランガル」という伝統があり、社会福祉の一形態として機能しています。ジャイナ教は非暴力の教えを持ち、これを環境保護や動物の権利保護に適用しています。

一方で、これらの宗教の一部は、存続の危機に直面しています。ゾロアスター教は現在の信者数は世界中で13万人程度と推定され、減少傾向にあります。

無宗教者

２０１０年時点で、世界の無宗教者人口は約11億人。世界人口の約16％を占めていました。今後数十年間で無宗教者の絶対数は増加し、２０４０年頃には12億人以上になります。しかし、その後わずかに減少に転じる可能性があります。

注目すべきは、世界人口全体のほうが無宗教者よりもはるかに速いペースで増加すると予測されている点です。結果、世界の総人口に占める無宗教者の割合は、２０１０年の16％から２０５０年には13％に減少します。

無宗教者の地域分布の変化
（2010年と2050年の比較）

	2010年における世界の無宗教人口の割合（%）	2050年における世界の無宗教人口の割合（%）
アジア太平洋地域	**75.9**	**68.1**
ヨーロッパ	12.4	13.2
北アメリカ	5.2	9.0
ラテンアメリカ・カリブ海地域	4.0	5.3
サハラ以南のアフリカ	2.3	4.1
中東・北アフリカ	0.2	0.3
合計	100.0	100.0

出典：「The Future of World Religions: Population Growth Projections, 2010-2050」ピュー・リサーチ・センター
※数値は四捨五入のため合計が100%にならない場合があります。

無宗教者は他の宗教グループに比べて高齢で出生率が低い傾向にあります。２０１０年から２０１５年の期間における無宗教者の合計特殊出生率（ＴＦＲ）は１・７で、世界全体の平均２・５を大きく下回っています。また、２０１０年時点で無宗教者の年齢中央値は34歳で、世界全体の中央値28歳よりも高くなっています。

無宗教者の最大の人口はアジア太平洋地域に集中しており、２０１０年には世界の無宗教者の76％がこの地域に住んでいました。しかし、２０５０年にはこの割合が68％に減少します。とくに中国は、世界最大の無宗教人口を抱えていますが、低出生率と人口の高齢化により、無宗教者の割合が減少します。

一方、西洋諸国では無宗教者の割合が増加する傾向にあります。北米では２０１０年の17％から２０５０年には26％に増加。ヨーロッパでも同様に19％から23％に増加します。西洋諸国では教育水準の向上や都市化の進展、科学技術の発達などが世俗化を促進する要因となっています。アメリカでは、高等教育を受けた人々ほど無宗教者である傾向が高いことが報告されています。アメリカでは無宗教者が政治的にリベラルな傾向を示すことが多く、これが選挙結果に影響を与えるかもしれません。

とはいえ無宗教者の増加は必ずしも単純な世俗化を意味していません。アメリカでは「スピリチュアルだが宗教的ではない」と自任する人々が増加しています。特定の宗教には属さないものの、何らかの精神性や超越的なものへの信仰を持っている人は、日本でも珍しくありませんよね。

日本

最後に日本はどのような変化があると予測されているのか、見てみましょう。

２０１０年時点で日本の仏教徒人口は約４６００万人で、総人口の約36％。しかし２０５０年までにこの割合は25％に減少します。２０１０年から２０１５年の期間における日本の仏教徒の合計特殊出生率（TFR）は1・3、2010年時点で日本の仏教徒の年齢中央値は48歳と、世界の仏教徒のなかでもっとも高齢化が進んでいました。

一方で、無宗教者の割合は増加傾向にあります。日本では伝統的に、多くの人々が特定の宗教に属していると自認しない傾向がありますが、さらに強まる可能性があります。

神道についてはピュー・リサーチ・センターの調査では明確な数字が示されていませんが、日本の伝統的な民族宗教として重要な位置を占め続けると考えられます。しかしながら神道も人口減少の影響を受け、信者数や神社の数が減少するでしょう。

キリスト教徒の割合は2010年時点で約1％、この割合は2050年までにほぼ変わりません。ただし絶対数では人口減少に伴い減少します。

仏教寺院の維持が困難になる地域が増加し、地方の文化遺産の保護、伝統的な宗教行事や祭りの維持が課題となり、高齢化に伴って葬儀や墓地に関する慣習にも変化が生じていくと思われます。宗教関連の産業（仏具製造、墓地業、宗教観光など）は縮小する一方で、高齢者向けの宗教サービスや、スピリチュアル市場の需要は増加するかもしれません。

また、移民の増加に伴い、イスラーム教やヒンドゥー教など、これまで日本では少数だった宗教の信者がやや増加する可能性もあります。多様化する社会において、宗教リテラシーの重要性は高まる一方で、宗教教育のあり方が議論になるでしょう。

2050年の世界の宗教地図はイメージできたでしょうか。アフリカ以外の地域で人口が減り、キリスト教やイスラーム教のなかでアフリカの存在感が増していく。きっとその頃には「日本人が知っておきたい宗教の常識」に、アフリカの宗教史が加わっていることでしょう。

読者のみなさんの忌憚《きたん》のないご意見をお待ちしております（宛先メールアドレス hal.deguchi.d@gmail.com）。

主要参考文献

池内恵『サイクス＝ピコ協定 百年の呪縛』新潮選書、2016年
井筒俊彦訳『コーラン』上・中・下、岩波文庫、1957年
入江昭『歴史を学ぶということ』講談社現代新書、2005年
上田信『伝統中国』講談社選書メチエ、1995年
荻野弘之『マルクス・アウレリウス『自省録』――精神の城塞』岩波書店、2009年
小川英雄『ローマ帝国の神々』中公新書、2003年
落合淳思『甲骨文字に歴史をよむ』ちくま新書、2008年
小野塚知二『経済史』有斐閣、2018年
小杉泰『『クルアーン』語りかけるイスラーム』岩波書店、2009年
加地伸行『儒教とは何か（増補版）』中公新書、2015年
木畑洋一『二〇世紀の歴史』岩波新書、2014年
黒田明伸『貨幣システムの世界史（増補新版）』岩波書店、2014年
小坂井敏晶『社会心理学講義〈閉ざされた社会〉と〈開かれた社会〉』筑摩選書、2016年
小島毅『天皇と儒教思想―伝統はいかに創られたのか？』光文社新書、2018年
更科功『宇宙からいかにヒトは生まれたか』新潮選書、2016年

柴田三千雄『フランス革命』岩波現代文庫、２００７年
朱熹編、梅原郁編訳『宋名臣言行録』ちくま学芸文庫、２０１５年
白石隆『海の帝国』中公新書、２０００年
杉山正明『モンゴル帝国の興亡』上・下、講談社現代新書、１９９６年
杉山正明『遊牧民から見た世界史』日経ビジネス人文庫、２００３年
鈴木大拙『日本的霊性』岩波文庫、１９７２年
高島正憲『経済成長の日本史』名古屋大学出版会、２０１７年
田家康『気候文明史』日経ビジネス人文庫、２０１９年
檀上寛『永楽帝』講談社選書メチエ、１９９７年
鶴間和幸『人間・始皇帝』岩波新書、２０１６年
原田種成『貞観政要　新釈漢文大系』上・下、明治書院、１９７８年、１９７９年
半藤一利『昭和史１９２６-１９４５』平凡社ライブラリー、２００９年
半藤一利『昭和史戦後篇』平凡社ライブラリー、２００９年
平勢隆郎『よみがえる文字と呪術の帝国』中公新書、２００１年
アダム・スミス、水田洋監訳、杉山忠平訳『国富論』１～４、岩波文庫、２０００年～２００１年
宮紀子『モンゴル時代の出版文化』名古屋大学出版会、２００６年
宮崎正勝『鄭和の南海大遠征』中公新書、１９９７年
八木久美子『慈悲深き神の食卓』東京外国語大学出版会、２０１５年
山室信一『キメラ』中公新書、２００４年

義江明子『日本古代女帝論』塙書房、2017年
若桑みどり『クアトロ・ラガッツィ』上・下、集英社文庫、2008年
アシン・クサラダンマ、奥田昭則訳『南伝 ブッダ年代記』東方出版、2017年
アンガス・マディソン、政治経済研究所訳『経済統計で見る世界経済2000年史』柏書房、2004年
アルフレッド・T・マハン、北村謙一訳『マハン海上権力史論（新装版）』原書房、2008年
アミン・マアルーフ、牟田口義郎訳『アラブが見た十字軍』ちくま学芸文庫、2001年
イブン・バットゥータ、家島彦一訳『大旅行記』全8巻、東洋文庫、1996年〜2002年
イリス・オリーゴ、篠田綾子訳、徳橋曜監修『プラートの商人』白水社、1997年
イマニュエル・ウォーラーステイン、川北稔訳『近代世界システム』Ⅰ〜Ⅳ、名古屋大学出版会、2013年
ウィリアム・H・マクニール、増田義郎訳、『世界史』上・下、中公文庫、2008年
E・H・カー、清水幾太郎訳『歴史とは何か』岩波新書、1962年
エドワード・ギボン、中野好夫訳『ローマ帝国衰亡史』全10巻、ちくま学芸文庫、1997年
エルンスト・H・カントーロヴィチ、小林公訳『皇帝フリードリヒ二世』中央公論新社、2011年
オーランドー・ファイジズ、染谷徹訳『クリミア戦争』上・下、白水社、2015年
カエサル、近山金次訳『ガリア戦記』岩波文庫、1941年
カール・フォン・クラウゼヴィッツ、篠田英雄訳『戦争論』上・中・下、岩波文庫、1968年
カレン・アームストロング、徳永里砂訳『ムハンマド─世界を変えた預言者の生涯』国書刊行会、2016年

クロード・レヴィ＝ストロース、大橋保夫訳『野生の思考』みすず書房、1976年
ジャック・ル＝ゴフ、菅沼潤訳『ヨーロッパは中世に誕生したのか？』藤原書店、2014年
ジャレド・ダイアモンド、倉骨彰訳『銃・病原菌・鉄』上・下、草思社文庫、2012年
シャルル・ド・モンテスキュー、野田良之ほか訳『法の精神』上・中・下、岩波文庫、1989年
ジョン・キーン、森本醇訳『デモクラシーの生と死』上・下、みすず書房、2013年
ジョン・ロック、加藤節訳『完訳 統治二論』岩波文庫、2010年
ジョルジョ・ヴァザーリ、平川祐弘・小谷年司・田中英道訳『ルネサンス画人伝（新装版）』白水社、2009年
ジョルジョ・ヴァザーリ、森田義之監訳『ルネサンス彫刻家建築家列伝』白水社、1989年
ダニエル・デフォー、鈴木恵訳『ロビンソン・クルーソー』新潮文庫、2019年
ダンテ、山川丙三郎訳『神曲』上・中・下、岩波文庫、1952～58年
チャールズ・C・マン、布施由紀子訳『1493』紀伊國屋書店、2016年
チャールズ・ダーウィン、八杉龍一訳『種の起原』上・下、岩波文庫、1990年
トーマス・ペイン、小松春雄訳『コモン・センス 他三篇』岩波文庫、1976年
トマス・ペイン、西川正身訳『人間の権利』岩波文庫、1971年
トクヴィル、松本礼二訳『アメリカのデモクラシー』第一巻上・下、第二巻上・下、岩波文庫、2005～08年
H・J・マッキンダー、曽村保信訳『マッキンダーの地政学』原書房、2008年
バーブル、間野英二訳注『バーブル・ナーマ』全3冊、東洋文庫、2014～15年

フェルナン・ブローデル、浜名優美訳『地中海』Ⅰ～Ⅴ、藤原書店、2004年
フェルドウスィー、岡田恵美子訳『王書』岩波文庫、1999年
ベネディクト・アンダーソン著、白石隆・白石さや訳『定本 想像の共同体 ナショナリズムの起源と流行』書籍工房早山、2007年
マキアヴェッリ、河島英昭訳『君主論』岩波文庫、1998年
マッシモ・リヴィーバッチ、速水融・斎藤修訳『人口の世界史』東洋経済新報社、2014年
マルクス・アウレーリウス、神谷美恵子訳『自省録』岩波文庫、2007年
マンゾーニ、平川祐弘訳『いいなづけ』上・中・下、河出文庫、2006年
マンフォード、生田勉訳『歴史の都市 明日の都市』新潮社、1985年
ミシェル・ド・モンテーニュ、原二郎訳『エセー』全6冊、岩波文庫、1965～1967年
ヤーコプ・ブルクハルト、柴田治三郎訳『イタリア・ルネサンスの文化』全2巻、中公クラシックス、2002年
ユヴァル・ノア・ハラリ、柴田裕之訳『サピエンス全史』上・下、河出書房新社、2016年
ルソー、桑原武夫・前川貞次郎訳『社会契約論』岩波文庫、1954年
ルソー、今野一雄訳『エミール』上・中・下、岩波文庫、1962～64年
リチャード・ドーキンス、日高敏隆・岸由二・羽田節子・垂水雄二訳『利己的な遺伝子（増補新装版）』紀伊國屋書店、2006年
出口治明『哲学と宗教全史』ダイヤモンド社、2019年
出口治明『仕事に効く 教養としての「世界史」』Ⅰ・Ⅱ、祥伝社文庫、2020年、2023年

出口治明『歴史を活かす力　人生に役立つ80のQ＆A』文春新書、２０２０年
出口治明『全世界史』上・下、新潮文庫、２０１８年
出口治明『人類５０００年史』Ⅰ～Ⅵ、ちくま新書、２０１７年～２０２４年

ＵＲＬ（２０２５年３月５日　最終閲覧）
Pew Research Center, The Future of World Religions: Population Growth Projections, 2010-2050
(https://www.pewresearch.org/religion/2015/04/02/religious-projections-2010-2050/)

著者略歴

出口治明（でぐち・はるあき）

1948年三重県生まれ。京都大学卒。日本生命に入り、大阪、東京、ロンドンに勤務。国際業務部長等を経て、2008年ライフネット生命を創立し、社長、会長を務める。2012年上場。2018年立命館アジア太平洋大学学長に就任。2024年立命館アジア太平洋大学学長特命補佐・名誉教授（現在）。『生命保険入門 新版』（岩波書店）、『人類5000年史』全6冊（ちくま新書）、『0から学ぶ「日本史」講義』全4冊（文藝春秋）、『哲学と宗教全史』（ダイヤモンド社）、『座右の書『貞観政要』』（角川新書）他多数。

SB新書 692

世界《せかい》は宗教《しゅうきょう》で読《よ》み解《と》ける

2025年5月5日 初版第1刷発行

著　者　出口治明《でぐちはるあき》

発行者　出井貴完

発行所　SBクリエイティブ株式会社
〒105-0001 東京都港区虎ノ門2-2-1

装　幀　杉山健太郎

本文デザイン DTP　株式会社RUHIA

編集協力　飯田一史

編集担当　吉田 凪

印刷・製本　中央精版印刷株式会社

本書をお読みになったご意見・ご感想を下記URL、
または左記QRコードよりお寄せください。
https://isbn2.sbcr.jp/27065/

落丁本、乱丁本は小社営業部にてお取り替えいたします。定価はカバーに記載されております。
本書の内容に関するご質問等は、小社学芸書籍編集部まで必ず書面にて
ご連絡いただきますようお願いいたします。

ISBN 978-4-8156-2706-5